Anja Schönborn

Ein Jahr in Neuseeland

Anja Schönborn

Ein Jahr in Neuseeland

Reise in den Alltag

HERDER

FREIBURG · BASEL · WIEN

Für meinen Mann,
ohne dessen grenzenlose Unterstützung
ich dieses Buch nicht hätte schreiben können.

Originalausgabe

www.herder.de

Satz: Dtp-Satzservice Peter Huber, Freiburg
Herstellung: CPI Moravia Books, Pohorelice

Gedruckt auf umweltfreundlichem, chlorfrei gebleichtem Papier
Printed in Czech Republic

ISBN 978-3-451-05968-1

Inhalt

Vorwort 7

Februar – Das schönste Ende der Welt 9

März – Ankunft im neuen Leben 29

April – Ups and Downs 47

Mai – Haussuche auf Neuseeländisch 63

Juni – Alltag in Mittelerde 77

Juli – Winter im Pazifik 95

August – Auckland without Auckland 106

September – Sie kommen … 119

Oktober – Back to work 134

November – Die Erde bebt 148

Dezember – Erdbeeren zu Weihnachen 162

Januar – The grand Final 176

Vorwort

Viele Leute haben uns immer wieder gefragt: „Warum geht ihr weg, warum ausgerechnet nach Neuseeland?“

Meine Schwester und ich sammelten als Kinder Briefmarken. Wir haben uns die Welt einfach aufgeteilt: Sie sortierte alle Marken aus Europa und Amerika, ich war für Australien, den Pazifik und Asien zuständig. Schon damals fand ich die Motive aus Neuseeland außergewöhnlich und ganz besonders schön – die andersartigen Tiere, die wunderschöne Natur. Allerdings hatte ich als kleines Mädchen nicht die leiseste Ahnung, wo dieses *New Zealand* überhaupt liegt, geschweige denn, dass ich später einmal dort leben würde.

Die Neuseeländer nennen sich nach ihrem Nationalvogel selbst *Kiwis* und sie wissen, dass ihr Land ein ganz besonderes Fleckchen Erde ist.

Bereits 1906 nannte der damalige neuseeländische Premierminister Dick Seddon seine Heimat *God's own country*. Später wurde durch den Dichter Allen Curnow daraus *Godzone*. Und wer das Ende der Welt einmal selbst kennengelernt hat, kann sicherlich nachvollziehen, wie Neuseeland zu diesen Namen kam.

Als ich das erste Mal während der *Herr der Ringe* Verfilmung nach *downunder* kam, war ich als Tolkien-Fan einfach nur neugierig auf Mittelerde und die gigantischen Naturkulissen. Doch mein Gefühl, als ich in Auckland aus dem Flugzeug stieg, war ganz merkwürdig, anders als in allen anderen Urlauben. Ich erinnere mich daran, als ob es gestern gewesen wäre: Auch wenn alles um mich herum fremd und neu war, hatte ich tief im Inneren das leise Gefühl, zu Hause zu sein, angekommen zu sein.

Nach mehreren Urlauben träumen mein Mann Gunnar und ich davon, in dem von Deutschland entferntesten Land der Welt zu leben – es zumindest zu versuchen. Selbst die Geburt unserer Zwillinge Mia und Amy kann uns nicht aufhalten. Wir geben unsere sicheren Jobs in Deutschland auf, lassen Familienangehörige und Freunde zurück. Wie schwierig wird es wohl sein, in dem neuen Land Fuß zu fassen? Eine gewagte und spannende Reise beginnt. – Ein Jahr im Land der Kiwis.

Februar –
Das schönste Ende der Welt

„ZWEI ERWACHSENE, ZWEI KINDER BITTE!" Die von der Sonne tief gebräunte schwarzhaarige Angestellte des Whalewatch-Unternehmens lächelt uns an. „Wickelräume sind da hinten und dort drüben ist eine kleine Spielecke." Sie deutet auf einen gemütlichen Berg aus bunten Sofakissen, vor dem Holzklötzchen, Bücher und jede Menge Stoffwale in einem großen, breiten Bastkorb liegen. „Ich hoffe, ihr seid seefest. Das Meer ist heute Morgen etwas rau." Die Frau polynesischer Herkunft rümpft ihre platte Nase und grinst verschmitzt. Auf unseren Schiffstickets steht dick gedruckt: *„Whalewatch. Sollten Sie nicht mindestens einen Wal sehen, bekommen Sie Ihr Geld zurück."* Das ist kulant.

Ein Kleinbus bringt uns mit den anderen Touristen zur Anlegestelle des Speedboots etwas außerhalb *Kaikouras*. Der 2.000-Seelen-Ort liegt etwa eine Autostunde nördlich von Christchurch auf der Südinsel Neuseelands. *„Welcome on board."* Captain Amiri und seine Crew reichen uns beim Einsteigen die wettergegerbten, rauen Hände, damit wir nicht in die bei jeder Welle größer werdende Lücke zwischen Steg und Boot fallen. Das Schiff wackelt und schaukelt auf den hohen Kämmen und kleine Gischtwolken spritzen mir ins Gesicht. Nur ab und zu gucken ein paar Sonnenstrahlen hinter den Schäfchenwolken hervor. Der Wind lässt die blaue neuseeländische Nationalflagge mit den Sternen und dem roten Kreuz am Bug lautstark hin und her flattern. Wir werden in die Passagierkabine gelotst. Das Innere ist geräumig, hat aufgereihte türkisgrüne plüschige Sitze wie in einem Nobelbus. Hohe Wellen klatschen mit Getose gegen die Scheibe neben mir. Mia und Amy quieken vor Vergnügen, patschen mit ihren Händchen von innen gegen das Fenster und versuchen, die herunterlaufenden Wassertropfen zu fangen.

„Ich bin Captain Amiri, das ist mein Skipper Huatare, und das ist Reka, unsere medizinische Assistentin", stellt sich die Crew vor. „Eine medizinische Assistentin an Bord, das ist aber nobel", denke ich. Sollte sich wirklich jemand den Fuß brechen, ist sofort eine Fachkraft da. Die Tourguides sind überwiegend Maori, die sogenannten polynesischen Ureinwohner Neuseelands. Sie besitzen immer noch viele Fischgründe und Land um die Küsten herum. „Unsere Vorfahren waren hier in *Kaikoura* ansässige Walfänger und haben die letzten Wale noch bis 1964 gejagt. 1978 wurden der Walfang und die Jagd auf Robben und Delfine gesetzlich verboten", führt uns Skipper Huatare in die Tour ein. Vom Waleabschlachten zum Walegucken – das ist eine 180 Grad-Kehrtwendung. „Bitte stehen Sie während der Fahrt nicht auf. Wir halten an, sobald wir mit unserem Sonargerät Wale geortet haben. Dann können Sie die Tiere oben an Deck in Ruhe beobachten. Während der Fahrt ist es zu gefährlich, besonders heute, wo die Wellen bis zu fünf Meter hoch sind. Die besten Fotomotive gibt es sowieso erst, wenn die Wale wieder abtauchen. Dann sieht man die typische Schwanzflosse herausragen. Wir sagen Bescheid, wenn es soweit ist. *Is everybody ready to rumble?*"

Der Steg und die Häuschen werden immer kleiner, und das Boot rast und springt über das turbulente, weiß aufgewühlte Wasser hinaus aus der Bucht von *Kaikoura*.

Unsere Zwillinge sind gerade ein Jahr alt und starren wie gebannt auf die Videoleinwand, auf der ein Kurzfilm über die besondere Beschaffenheit dieses östlichen Küstenabschnitts und das außergewöhnliche *Wildlife* im Pazifik informiert. „Hier wurden 15 der insgesamt 74 existierenden Spezies an Wal- und Delfinarten gesichtet. Das ist weltweit einmalig und für viele Forscher besonders interessant", erklärt der Sprecher die Videografik. Von den *Kaikoura Ranges,* einer massiven Bergkette im Hinterland, fällt der Meeresboden binnen weniger Kilometer steil bis auf eine Tiefe von weit über 1.000 Metern ab. Walgesänge sind zu hören und beeindruckende Aufnahmen von tauchenden Walen flimmern über den Screen. „Ein Unterwasserstrom schwemmt große Mengen organischen Materials nach oben. Das wiederum liefert beste Lebensbedingungen für Plankton, die Nahrung vieler Walarten."

Der Captain wippt auf seinem gefederten Stuhl auf und ab und beobachtet das Sonargerät des Skippers, als es zu piepen beginnt. Geschickt wendet er das Boot entgegen der Wellen um 180 Grad, fährt noch ein paar Meter weiter und stoppt dann die Motoren. „Zu unserer Linken werden wir wahrscheinlich gleich einen massiven Walrücken entdecken", verspricht er, und alle springen auf. Die glitschigen, nassen Stufen hinauf zum Deck nehme ich im Zweierschritt. Und da sehe ich ihn, den riesigen weißgrauen Körper, der eher aussieht wie ein gigantisches Felsmassiv. „Das ist ein weiblicher Pottwal. Das Säugetier ist etwa 15 Meter lang, tankt jetzt für eine Viertelstunde über die gesamte Körperoberfläche Sauerstoff auf und kann dann wieder zwei Stunden in bis zu 3.000 Metern Tiefe Riesentintenfische jagen", tönt es aus dem Lautsprecher. Ich bin sprachlos. Aus dem Atemloch am Kopf prustet das Tier jede Menge Luft und feinste Wassertröpfchen in einer riesigen Fontäne nach oben – pffffft. Was für ein Schauspiel. Ich komme mir auf unserer schaukelnden Nussschale winzig klein vor.

Die Haut des Pottwals ist an manchen Stellen aalglatt, dann wieder vernarbt und zum Teil sogar mit grünen Algen und einer Art Muschel bedeckt, die aussieht wie kleine kantige Steine. Überwältigt versuche ich, das gewaltige Tier vor die Linse meiner Kamera zu bekommen. Wenn man so über das weite Meer blickt, kann man sich gar nicht vorstellen, dass dort überall so riesige Tiere leben. „Und das hier ist nun ein Teil unserer neuen Heimat." Ich schließe die Augen und hole tief Luft.

„Achtung, jetzt taucht er gleich ab. Halten Sie Ihre Fotoapparate schussbereit!", warnt uns der Captain vor. Der Wal scheint sich von unserem Boot überhaupt nicht gestört zu fühlen. Wie in Zeitlupe, langsam und graziös taucht er hinab in die Tiefe. Seine mächtige Schwanzflosse ragt zum Schluss weit über die Oberfläche hinaus und Wassermassen rinnen daran herunter wie über das Felsmassiv nach einem Regenguss in den Bergen. Lautlos verschwinden die letzten Spitzen. Dann ist das Spektakel vorbei und der Wal verschwunden, als ob er nie dagewesen wäre.

Ich will mich schon wieder auf den Weg zurück in die Kabine machen, als sich die Leute gegenüber wild gestikulierend weit über die Reling lehnen. „Auf der rechten Seite fliegt gerade ein Königsalbatross vorbei. Sie haben eine Flügelspannweite von bis zu dreieinhalb Metern und können bis zu zwölf Kilo schwer werden, im Tierreich ist das einmalig. Und direkt darunter, in einer Entfernung von etwa zehn Metern, kämpft gerade ein *blue-eyed penguin* gegen die Wellen an", macht uns der Captain aufmerksam. Den Albatross kann ich nur noch erahnen, aber tatsächlich, im Wasser schwimmt ein einzelner, etwa dreißig Zentimeter großer Pinguin mit blauen Rändern um die Augen. „Es sieht aus, als ob er um sein Leben paddelt in den hohen Wellen", sage ich mit etwas besorgter Stimme zu der Frau neben mir. „Hey, der ist nur auf dem Weg zu seiner Kolonie und sucht nach Fisch. Alles o.k.", antwortet sie zuversichtlich und lacht. *„By the way, I'm Laura and this is my hubby Steve."* Sie meint wohl ihren Mann, *husband*.

Wir erfahren, dass die beiden aus Queenstown kommen und gerade mit dem Campervan im Sommerurlaub sind. Laura hat leicht rötliche krause Haare, helle Haut und viele Sommersprossen im Gesicht. Steve sieht aus wie ein typischer *Kiwi*: ein *Beanie*, eine Wollmütze, auf dem Kopf, T-Shirt und kurze, graue bequeme Outdoor-Shorts, und natürlich barfuß. Selbst im tiefsten Winter laufen die Kiwis so herum – ganz ohne Schuhe. Und das *Beanie* bleibt auf, komme was wolle – ob im Café, im Supermarkt oder in der Disco.

Steve scheint tatsächlich auch trotz des Windes überhaupt nicht zu frieren. *„Hey, happy Camper?"*, fragt er uns auf dem Weg zurück unter Deck. In Neuseeland ein gängiger Ausdruck, der nicht im Geringsten etwas mit Camping zu tun hat. Steve möchte einfach wissen, ob bei uns alles in Ordnung ist. Und dass die Frage ironisch gemeint ist, wird mir schnell klar.

„Habt ihr keine Probleme mit der Seekrankheit?", fragt er weiter. In diesem Moment laufen wir an einer älteren Frau vorbei, die sich mit einer Spucktüte auf einem Notsitz niedergelassen hat. „Die sieht aber ein bisschen grün im Gesicht aus", witzelt Laura leise. Die beiden Kiwis setzen sich neben uns. *„So where are you from anyway?"* Laura und Steve sind ausgesprochen freundlich – Kiwis eben. „Aus Deutschland. In einer Woche beginnt für uns der Ernst des Lebens. Gunnar braucht einen Job, und dann wollen wir versuchen, hier Fuß zu fassen." Wir erzählen, dass wir schon ein paar Mal im Urlaub hier waren und uns die Natur und auch die Mentalität der Leute so gut gefallen. „Es ist ja ganz schön mutig, das mit zwei Kindern zu probieren. Wir drücken euch die Daumen. *By the way. Welcome to New Zealand!*“ Sie lachen und geben uns die Hand – mir wird warm ums Herz.

Kaum startet das Boot wieder, hören wir Spuckgeräusche, das typische Würgen, wenn sich jemand übergibt. Unauffällig drehe ich mich um. Neben der älteren Frau, die immer noch wie versteinert auf dem Notsitz in ihre Tüte starrt, übergibt sich ein zweiter Passagier in hohem Bogen über die Reling. „Das ist ja filmreif.“ Mein Mann Gunnar lacht. *„Disgusting!“*, Steve dreht sich ein bisschen angewidert zur Seite. „Sämtliche Touren nach uns sind wegen des Wetters auch abgesagt worden“, berichtet er dann. Wir beobachten amüsiert und natürlich auch ein wenig mitleidig, wie immer mehr Passagiere die Farbe im Gesicht verlieren und käseweiß werden. Die Spucktüten gehen weg wie warme Semmeln. Nun wird mir klar, warum es hier eine medizinische Assistentin gibt: Sie ist schwer beschäftigt und sammelt mit weißen Gummihandschuhen die benutzten Beutelchen wieder ein.

Das Boot hält erneut. Gespannt laufen wir wieder nach oben auf die Plattform. Eine ganze Gruppe Orcawale bewegt sich direkt auf unser Boot zu. Ihre großen schwarzen Flossen ragen heroisch aus dem Wasser. Drei oder vier Tiere kommen näher und näher, in ihrer Mitte schwimmt ein kleines Kalb. Kurz bevor sie uns rammen, drehen sie sich auf den Rücken und tauchen unter unserem Boot durch. „Hast du die weißen Bäuche gesehen? Die Orcas haben uns angeschaut!“, platzt es aus Laura heraus. „Da fragt man sich wirklich, wer da wen begutachtet, oder?“ Ich ramme Gunnar vor Aufregung den Ellbogen in die Seite. „Wenn wir Orcas sehen, dann ist die Chance auf Delfine gleich null. Orcas jagen Delfine.“ Steve kennt sich aus, kommt eigentlich aus einem kleinen Nest namens

Akaroa südlich von Christchurch, das auf einer Halbinsel gelegen ist. Er ist, wie viele Kiwis, oft mit seinem Vater im Fischerboot draußen gewesen. Angeln gehört zum Leben in Neuseeland wie Radfahren in Deutschland.

Die ganze Tour über unterhalten wir uns mit den beiden Kiwis. Sie sind wie wir Anfang bis Mitte Dreißig und arbeiten in einer der Agenturen, die Touren für Extremsportfans in Queenstown anbieten, dem Bungee-Jumping-Eldorado.

„Stellt euch vor, wir waren gestern beim Delfinschwimmen in *Akaroa*. Ich wollte Laura unbedingt unsere Heimatbucht und die schlauen *Hektors* zeigen. Das sind die kleinsten Delfine der Welt, sie sind nur gut einen Meer lang." Steve amüsiert sich köstlich über den etwas angesäuerten Gesichtsausdruck seiner Frau. „Jetzt plaudert er wieder alle Peinlichkeiten aus." Sie lacht. „Ihr seid wirklich mit den Delfinen im Wasser gewesen?", frage ich. „Na ja, fast. Bei der Einführung im Shop hat man uns erst einmal darüber informiert, dass kurz zuvor schon einige Touren abgesagt werden mussten, weil ein Hai in der Bucht war. Ihr müsst wissen, Laura hat schreckliche Angst vor Haien. Sie liebt Weiden und Schafe, aber das Meer ist ihr nicht so ganz geheuer." Er grinst. „Als die Organisatoren dann auch noch berichteten, dass es sich um einen *Great White*, einen weißen Hai, handelt, ist Laura mir fast umgekippt."

„Sie haben den Touristen wochenlang freigestellt, ob sie ins Wasser wollen oder nicht", verteidigt sich Laura. *„I wouldn't go there for all the tea in China!"*, sagt sie völlig entrüstet. „Keine zehn Pferde bringen mich da ins Wasser." Ich kann sie verstehen. Letztlich sei der Hai dann aber nicht mehr gesichtet worden. Passiert war natürlich auch nichts. *„In the end, I went with him* ***on*** *the boat!"* – „Wie mutig!", frotzelt Steve zurück.

Das Delfinschwimmen muss trotzdem unglaublich gewesen sein. Steve erzählt, dass man die Hektordelfine am besten anlockt, indem man Geräusche unter Wasser macht. Dann werden die intelligenten Tiere neugierig. „Ich habe durch den Schnorchel meiner Tauchausrüstung *We all live in a yellow submarine* gesungen, oder eher getrötet, und mit meinem Ring gegen den Plastikrand der Brille geklopft." Er führt lebhaft vor, wie er im Wasser liegend mit einer Hand wilde Schwimmbewegungen macht, um nicht unterzugehen, und sich mit der anderen gegen die Schläfe hämmert. „Binnen Minuten sind drei Delfine vor mir aufgetaucht. Das Wasser war leider ziemlich trüb, sodass ich sie erst spät gesehen habe. Von Deck aus bekommt man Anweisungen, man soll da und dort hin gucken. Aber das hört man natürlich kaum. Und dann sind die *Hektors* völlig synchron einfach unter mir durchgetaucht und haben mich angesehen. Es war der pure Wahnsinn!" Steve ist noch immer enthusiastisch, überhäuft uns mit einem Redeschwall in Kiwi-Slang, dem wir nur extrem konzentriert folgen können. Schon bei unseren Neuseeland-Urlauben dauerte es jedes Mal Tage, bis wir uns wieder in den typisch neuseeländischen Dialekt eingehört hatten.

Nach einer weiteren Stunde auf rauer See und noch zwei Pottwalen torkeln wir benommen zu sechst, die Kinder unterm Arm, zurück an Land auf festen Boden. So ganz wohl ist mir nun auch nicht mehr.

„Shall we go for a coffee?", fragt Laura, als uns der Zubringer-Bus vor dem Souvenirshop des Whalewatch-Hauses auslädt, und wir alle etwas unschlüssig herumstehen. „Warum nicht. Vielleicht eher etwas Hochprozentiges gegen die Übelkeit", antwortet mein Mann lachend. *„Let's go to the Beach-house café then. They have yummy food, too!"* Leckeres Essen – vielleicht hilft das gegen das flaue Ge-

fühl im Magen. – *„Sweet as!"*, antwortet Steve in guter Kiwi-Manier, was soviel heißt wie: Gute Idee. Prima!

Wir ergattern einen Tisch auf der Terrasse mit Meeresblick und dem Strand direkt vor der Nase. Ein fischiger Geruch aus Algen und Seewasser mischt sich mit dem Duft von Kaffee und Essen aus der Küche. „Heute Abend besuchen wir noch Steves Eltern. Sie haben uns zum *barbie* eingeladen." *Barbie, BBQ* oder auf gut Deutsch Grillen ist in Neuseeland nach dem Fischen die beliebteste Freizeitbeschäftigung. Sommer wie Winter, hier wird gegrillt, was das Zeug hält. Die Kiwis versuchen, sich mit der Ausstattung ihrer *barbies* auch stets zu übertreffen: Es gibt *six- and eightburners*, die Gasgrills werden von verschiedenen Zündern geheizt und je mehr ein *BBQ* davon hat, desto toller ist das Ding. Der Grill – ein echtes Prestigeobjekt.

„Was habt ihr denn mit euren zwei Kleinen hier noch vor?", will Steve wissen. „Wir wollen morgen früh weiter nach Queenstown, bevor wir dann nach Wellington fliegen und Gunnar sich auf Jobsuche begibt", erkläre ich. „Habt ihr in Queenstown schon eine Bleibe?" – „Nein, wir wollen heute Abend mal im Internetcafé nach Ferienhäuschen suchen." – „Warum bleibt ihr nicht in unserem Appartement?", schlägt Laura spontan vor. „Wir wohnen ganz nahe am Zentrum und sind die nächsten zwei Wochen noch *out and about*, unterwegs." Wir zögern. Wirklich ernst können die beiden das Angebot doch nicht gemeint haben, schließlich kennen sie uns doch erst seit zwei Stunden. *„Honestly. We wouldn't say it if we didn't mean it!"*, bekräftigt Steve den Vorschlag seiner Frau. Gunnar und ich sehen uns fragend an. Wir sind beide etwas irritiert. „Das können wir nicht annehmen!" – *„Come on, don't be shy.* Der Schlüssel liegt unter einer großen Muschel links neben der Haustür." Laura scheint es ernst zu meinen. „Und im Kühlschrank sollten sogar noch ein paar kühle Biere stehen", fällt Steve Laura ins Wort.

Es ist schon ziemlich ungewöhnlich: Zwei uns völlig fremde Kiwis laden uns einfach so ein, in ihrem Haus zu wohnen, weil sie selbst gerade nicht daheim sind? Wieder stelle ich fest, dass diese Mentalität doch etwas ganz Besonderes ist – unvoreingenommen, offen, vertrauensselig und überaus gastfreundlich. Steve und Laura überreden uns so lange, bis wir nicht mehr ablehnen können. „Ach übrigens: Wenn ihr etwas unternehmen wollt, geht zu *Shotover Jet* und sagt, dass ihr Freunde von uns seid. Dann machen sie euch bestimmt einen guten Preis." Mir schwirren die Ohren. „Ihr seid unglaublich! Tausend Dank!" Die beiden Kiwis schenken uns noch eine Straßenkarte und zeichnen uns den Weg zu ihrem kleinen Häuschen mit Kugelschreiber ein. Zum Abschied tauschen wir die Telefonnummern aus und verabschieden uns mit einer herzlichen Umarmung und vielen lieben Worten. *„Enjoy and see ya!"*, ruft Laura noch einmal über die Schulter zurück.

Schafe, so weit das Auge reicht. Egal ob hügelig, bretterben oder leicht bewaldet – überall sind Schafe. Und stehen einmal nicht die wolligen neuseeländischen Lämmchen mit den süßen Gesichtern hinter den einfachen Drahtzäunen, sind es *deer*, also Rehe, oder Kühe. Es gibt wirklich kein Stück ungenutzte Grünfläche in diesem Land. Das macht es auch schwer, einfach so loszuwandern. In unseren Urlauben sind wir oft nur auf angelegten Wanderwegen vorangekommen. Eigens gebaute Holztreppchen führten über Zäune und auf privates Farmland. Wir liefen dann direkt neben dem Vieh über die Koppeln.

Die Landwirtschaft ist auch Neuseelands Wirtschaftszweig Nummer eins, dicht gefolgt vom Tourismus. Neuseeländische Lammsteaks, Braeburn-Äpfel und Kiwis aus Neuseeland gibt es heutzutage in jedem deutschen Supermarkt – trotz des langen Transportweges.

Es ist allerdings ein Mythos, dass es in Neuseeland zwanzigmal so viele Schafe wie Einwohner gibt. Auch wenn man diese beliebte Aussage beim Durchfahren weiter Landstriche der Südinsel annehmen könnte. Tatsächlich leben mittlerweile über vier Millionen Menschen in Neuseeland und über vierzig Millionen Schafe. Das gibt also einen Schnitt von immerhin zehn Schafen pro Kopf. In Australien sind es nur fünf.

Vergleicht man die Flächen, könnte man sagen, dass Neuseelands Nord- und Südinsel gemeinsam etwa die Größe der alten Bundesrepublik haben. Allerdings leben hier gerade einmal soviel Menschen wie in Berlin und Umland – die Besiedelung ist also extrem dünn. Auckland allein hat schon über eine Millionen Einwohner, zwei weitere Millionen Menschen verteilen sich auf die Nordinsel Neuseelands. Da bleibt für die Südinsel nur gut eine Million übrig. Und so ist es kein Wunder, dass man dort stundenlang keiner Menschenseele begegnet und sich entgegenkommende Autofahrer mit Handzeichen begrüßen. Das ist wohl auch einer der Gründe, warum viele Brücken nur einspurig gebaut sind. Manchmal sind auf der schmalen Fahrbahn sogar noch Zuggleise verlegt. Unfälle passieren trotzdem kaum.

Ein Verkehrsschild zeigt uns auch jetzt die Regelung der *one lane bridge* an. Weit und breit ist niemand zu sehen. Mit unserem gemieteten Mitsubishi Chariot holpern wir über die marode Brücke, die über einen *creek*, ein Flüsschen, führt. Nachdem wir *Kaikoura* und Christchurch hinter uns gelassen haben, durchfahren wir breite Landstriche, die nur mit Tussokgras bewachsen sind. Die dicken Büschel sehen wie vertrocknet aus, nur hier und da kommen grüne Grashalme aus der Erde. Allmählich geht die Ebene in ein sanft hügeliges grünes Bergland über. Große Flachsbüsche säumen die Straßen und lila Glockenblumen und gelbfarbener Ginster leuchten in den saftigen Wiesen. Die Landschaft Neuseelands ist einmalig. Von den subtropischen Stränden im Norden, über Vulkane, Gletscher, Urwald bis hin zu den Fjorden am Zipfel der Südinsel – jede Klimazone scheint hier vertreten.

Wir nehmen eine alternative Route, die uns durch den *bush* führen soll – *Scenic Route,* steht an dem Schild. Außerhalb der Städte erinnern Neuseelands Autobahnen eher an europäische Landstraßen. Über weite Strecken sind die Straßen hier einfach nur geschottert. Und auf diesen *gravel roads* können wir bei Weitem nicht die erlaubten hundert Stundenkilometer fahren. Doch das fällt uns nicht schwer, es gibt einfach so viel zu sehen. Dicht bewaldete Hänge entlang der Straße, dazwischen kleine Wasserfälle, die plätschernd über bemooste Steine rinnen. Immer wieder halten wir an, laufen ein paar Schritte in den Busch. Dicke Äste sind mit dichten, grüngrauen Mooshaaren umschlugen. Durch das massive Blätterdach schimmert sanftes, gefiltertes Sonnenlicht auf das mit Buschwerk und Schlingpflanzen bewachsene Unterholz. Wir fühlen uns wie im Märchen.

Vom Motorenlärm unseres Autos aufgeschreckt springt keine zwanzig Meter vor uns eine schwarze wilde Bergziege über die Fahrbahn, um schon in der nächsten Sekunde wieder im Dickicht zu verschwinden. „Wenn die Zeitangaben auf der Karte stimmen, werden wir bis Queenstown wohl so um die zehn Stunden brauchen“, murmle ich vor mich hin.

Plötzlich bremst Gunnar ab. Völlig unerwartet taucht hier, mitten im Nirgendwo, ein Baustellenschild auf: *„Stop* *on Request"*. Hinter der nächsten Kurve steht ein Mann in orangefarbener Warnweste, der ein rundes Schild in den Händen hält. Als er uns sieht, streckt er es uns, freundlich lächelnd, mit der Aufforderung *„Go"*entgegen. Wir bedanken uns mit einem *„Cheers, mate!"* durchs offene Fenster. „Sie teeren hier tatsächlich die Straße, wo doch nur alle Jubeljahre mal jemand vorbeifährt", wundern wir uns. „Und dann extra jemanden abzustellen, der den Verkehr regelt – das ist schon unglaublich!" Gunnar ist sichtlich amüsiert. Wir bahnen uns den Weg vorbei an Hütchen, Straßenwalzen und dem kleinen LKW, der heißen Teer geladen hat. Mit Schaufeln entladen die kräftigen braun gebrannten Männer mit nackten Oberkörpern den Truck: Handarbeit. Nach einigen hundert Metern steht ein zweiter Helfer mit Funkgerät und dem gleichen Schild, zeigt uns *„Go"* an. Der vermeintliche Gegenverkehr müsste warten. Wir bedanken uns noch einmal und heben die Hand. Kurz darauf folgt das dritte Hinweisschild: *„Works end – thank you!"*

Queenstown ist das Eldorado der Extremsportler und Adrenalinjunkies. Eigentlich leben hier nur 10.000 Einheimische, aber in den Sommermonaten von Dezember bis Ende Februar und zur Skisaison im Winter tummeln sich über dreieinhalb Millionen Touristen im Ort. Das gemütliche Städtchen liegt am *Lake Wanaka*, auf dem immer noch ein altes Dampfschiff, die *MSS Earnslaw* bis ans andere Ende nach *Glenorchy* tuckert. Eingebettet zwischen dem *Codrona Valley*, das ein bisschen der Gegend Südtirols ähnelt, und den hohen Gebirgszügen der *Remarkables*, ist Queenstown aber alles andere als verschlafen. Nahe der Stadt baute AJ Hackett vor zwanzig Jahren seine erste Bungeejumpinganlage am *Kawarau River*, heute springen die Mutigen von jeder Brücke. Hier wird so ziemlich jede Extremsportart angeboten: Jetboating, Zorbing, Fallschirmspringen, Wildwasser-Raften oder mit dem Helikopter durch den *Skipper Canyon* fliegen.

Als wir in den Ort kommen, suche ich nach den Straßennamen. Laut Lauras Karte soll das Haus der beiden ziemlich nahe am Zentrum sein. „*Wakatipu Street*. Ich kann hier nirgendwo Hinweise sehen, weder Namen noch Nummern. Das ist genau das Gegenteil vom deutschen Schilderwald. Hier steht wieder nichts dran." Ratlos überqueren wir eine Hauptverkehrsstraße. „Da, Laura hat doch etwas von einem kleinen Café erzählt. Bieg mal da vorne nach rechts ab."

Die Neubausiedlung sieht gemütlich aus und bis auf die Straßennamen ist hier überhaupt nichts vom polynesischen Einfluss zu spüren. Wir parken unseren Mitsubishi wie selbstverständlich im Carport. Der Schlüssel liegt tatsächlich unter der Muschel und wir schließen die Tür auf. Alles ist genauso, wie uns die beiden Kiwis ihre Bude beschrieben haben. Links ist ein geräumiges Schlafzimmer, rechts das Wohnzimmer, das mit seinen bunt zusammengewürfelten Stoffsesseln eher einer Studenten-WG gleicht. Es ist urgemütlich. „Ich fühle mich ein bisschen wie ein Einbrecher, du nicht?" Gunnar nickt. „Wir müssen den beiden zum Dank unbedingt ein kleines Geschenk hierlassen!"

Der Wettergott meint es wirklich gut mit uns. Auch am Morgen scheint wieder die Sonne an einem wolkenlosen Himmel. Wir laufen zu Fuß in die Einkaufsstraße. Bunte Internetcafés mit flimmernder Beleuchtung, alle zwei Meter Essensstände, asiatische Take-away-Buden, wo es schon morgens Chop Sui gibt, Schmuckläden, in denen Muschel- und Perlenketten ausgestellt sind, Outdoorgeschäfte, die Zelte, Schlafsäcke und Tramping-Equipment anbieten, Souvenirshops mit Merinobekleidung, grellbunten Schafsmagneten und Neuseeland-T-Shirts – hier ist wirklich Leben in den Straßen. Ein junger Hippie singt mit seiner verstimmten Gitarre einen alten Beatles-Song; daneben sitzen ein paar Camper mit Bagels und Muffins bewaffnet beim Frühstück.

Wir steuern geradewegs auf den Laden zu, in dem Laura und Steve normalerweise arbeiten: *Shotover-Jet* steht in fetter roter Schrift schräg über dem Eingang. Eine Miniaturkletterwand lädt die Wartenden zur Kraxlpartie ein. Überall liegen stapelweise Flyer herum, die darüber informieren, was man in der Gegend Verrücktes unternehmen kann. Eine Gruppe japanischer Touristen hat sich mitten im Raum unter einem von der Decke herabhängenden gelben Segelflieger positioniert. Jede der etwa fünfzehn Personen fotografiert die Gruppe abwechselnd mit ihrem Apparat: ein wildes Gestikulieren, dann ein Klicken, gefolgt von wildem Gekreische. Mädchen kichern hinter vorgehaltener Hand, ziehen sich die Mützen ins Gesicht. *„Peace!“* und *„Cheese!“* Lachend streckt ein Girlie mit Zahnspange das Victoryzeichen in die Linse.

Auf dem silberfarben bedruckten Linoleumboden, der zum Infoschalter führt, hat sich bereits eine lange Schlange gebildet. „Lass uns erst mal selbst gucken, ja?“ Wir setzen uns in die rote Sesselecke unter die Fotocollagen aus Bungee- und Fallschirmspringerportraits. Ich studiere die Grimassen und verzerrten Fratzen. Einer der Springenden streckt die Zunge raus, dem zweiten fliegen die Backen bis hinter die Ohren, ein weiterer schielt – echte Freaks. Daneben hängt eine Weltkarte, in der zahllose bunte Nadeln stecken. *„Put one in your mothercountry“*, steht auf einem kleinen Schildchen. Die Kartenwand ist allerdings schon übersäht mit Plastikköpfen, auf dem gelben Deutschlandfleckchen ist schon gar kein Platz mehr frei. Auch in Korea, China, Japan, England und Australien ist kaum mehr Raum für weitere Stecknadeln. An Besuchern aus aller Welt scheint es hier nicht zu mangeln.

Während Gunnar sich durch einen Stapel Prospekte kämpft, beobachte ich die anderen Kunden. Ein weiteres Paar, ganz offensichtlich zwei Kiwis, schlurft in *jandals,* den *japanese sandals,* einfachen Plastik-Flip-Flops zur Tür herein.

„Godday!“, begrüßt einer der hippen Mitarbeiter das Paar an der Tür. Sie stehen genauso staunend und ratlos im Raum wie wir noch vor ein paar Minuten und kommen dann in unsere Richtung geschlendert. *„Can we take a seat?“*, fragt mich der junge Mann freundlich. Dann lassen sich beide in die Polster fallen. *„What are you guys up to?“*, will die Frau von mir wissen. Ich erzähle, dass Bungeespringen nichts für mich ist. „Ich habe Höhenangst! Fallschirmspringen fällt dann wohl auch aus, Whitewater-Rafting kenne ich aus Thailand. Aber wenn wir schon nach Queenstown kommen, müssen wir auch irgendwas Verrücktes machen. Hm, vielleicht Jetboatfahren. Wisst ihr, ob sich das lohnt?“

Mein Mann kommt zurück. *„Hi, I'm Gunnar!“* – „Oh, sorry. Wir sind Toby und Karen, kommen eigentlich aus Auckland und sind nur für das Wochenende hier unten“, stellen die beiden sich vor. „Jetboaten ist witzig. Das haben wir gestern gemacht. Man ist etwa zu zehnt und jagt den *Shotover River* im Speedtempo hinauf“, plaudert Karen munter drauf los. – „Sie rasen so knapp an den Felsen vorbei, dass einem fast das Herz stehenbleibt. Und dann schleudert das ganze Boot auf einmal um 360 Grad im Kreis herum. Wir waren klatschnass.“ Toby holt mit dem Arm aus und deutet den Wasserschwall an. „Die Boote hat irgendein verrückter Kiwi erfunden, selbst bei ganz flachem Wasser rasen sie mit einer Wahnsinnsgeschwindigkeit über die Oberfläche." – „Man hat eher das Gefühl, zu fliegen." Karen wirft ihre braunen Haare über die Schultern. Das klingt ja gar nicht so übel. „Aber was sollen wir währenddessen mit Mia und Amy machen? Das wird schwierig", stelle ich in den Raum. „Ich glaube, mit Kindern könnt ihr das vergessen." Toby streichelt Amy, die sich gerade an seinen Beinen hochzieht, über den Kopf. Gunnar legt die Prospekte zurück auf den Glastisch. *Fly by wire* ist einer der neuesten Adrenalinkicks. An einem Seil hängt ein Hochgeschwindigkeitsflugzeug, in dem Otto Normalverbraucher dann ohne zu lenken durch die Luft schießen kann. Das ist nichts für mich. Ein anderer Prospekt lockt mit Zorbing – auf dem Bild rollt eine Art Plastikkugel einen Grashang hinunter. Es sieht aus wie eine zu groß geratene Überraschungskugel. Natürlich wurde auch das Zorbing in Neuseeland erfunden. *„Dieser Extremsport ist für Jedermann. Hier besteht weder Lebens- noch Verstümmelungsgefahr. Die Seele aus dem Leib schreien, werdet ihr euch aber trotzdem!"*, lockt der Veranstalter im Werbetext. Sehr beruhigend.

„I'll go for it!", entscheidet sich Karen spontan, nachdem sie den Flyer einige Male nervös gewendet hat. „Was ist mit dir, Toby?", fragt sie ihren Freund. Toby scheint noch unentschlossen, nickt dann aber. Fragend richtet er seinen Blick auf uns. „Wir könnten das nacheinander machen", schlage ich vor. „Das ist auch mit den Kindern kein Problem." Gunnar ist schon auf dem Weg zum Schalter: „Überredet."

Wir buchen also alle zusammen und sitzen kaum eine Stunde später mit Karen, Toby und den ausgeflippten Japanern im Kleinbus auf dem Weg zum „Zorbingberg".

„Hey, I'm Jeff, how are you doing guys? Ready for a real

fun adventure?", fragt unser Tourguide auf dem Mittelgang hüpfend durch das Mikrofon in die Runde. Die zwei Japanerinnen vor uns haben seit dem Einsteigen nicht aufgehört zu kichern. Jeff ist ein schlaksiger Mittzwanziger, trägt ein *Beanie* und eine viel zu große Sonnenbrille.

„*What if I feel sick inside?"*, fragt eine der Asiatinnen in schwer verständlichem Englisch schüchternd. – „Wir hatten schon über 100.000 Zorbonauten in Neuseeland, und ich habe noch von keinem gehört, der sich übergeben hat. Und ehrlich, das wäre auch eine ziemliche Sauerei. Also ich möchte das Ding danach nicht saubermachen." Der ganze Bus lacht.

„*Who wants to have a turn first?* Mutige voraus!" Jeffs Ton gleicht dem eines Boxkommentators. „Lieber jetzt als später", denke ich nur. „Wenn ich die anderen erst schreien höre, mache ich noch einen Rückzieher." Ich hebe schnell die Hand, bin also der allererste Zorbonaut.

Alle Blicke richten sich auf mich, als wir vor der riesigen Kugel auf dem Berg stehen. „Im Inneren ist noch einmal eine Plastikhaut angebracht. Außerdem befindet sich ein Luftpolster zwischen der inneren und der äußeren Hülle. Die Sache hier ist zwar verrückt, aber bombensicher. Es kann wirklich nichts Schlimmes passieren", verspricht Jeff und klopft mir aufmunternd auf die Schulter. Na, prima. „Übrigens: Verrückte Wissenschaftler haben das Ding nach der uralten Idee des sogenannten ‚vergessenen Rades' neu gebaut", fügt er geheimnisvoll hinzu, ohne dass ich damit viel anfangen könnte. Dann öffnet er die Kapsel. „Willst du einen Waschgang oder die abgeschwächte Variante?" Er schaut mich herausfordernd an und grinst. Karen, Toby und Gunnar drängeln sich gespannt um ihn. „Wir können dir noch einen Eimer Wasser in deine Maschine stecken. Für den Schleudergang." Jeff grinst in die

Runde. Allgemeines Gelächter. „Nein danke, muss nicht sein. Ich habe heute früh schon geduscht." Vorsichtig klettere ich in den Innenraum der Kugel. Es ist feucht und heiß, ein Geruch von Angstschweiß und Kamilleshampoo hängt in der Luft. Mir wird ganz schlecht. Oh je, und das ist erst der Anfang. „Das Zorb wird bis zu fünfzig Stundenkilometer schnell. Also es könnte sein, dass dir etwas schwindlig wird. Unten nimmt dich dann mein Kollege Phil in Empfang, ja? Alles klar bei dir?" Jeff schnallt mich in der Kugel in ein *harness*, eine Art Hosenträgergurt. Am Rand der Plastikhülle sind zwei Haltegriffe für meine schwitzigen Hände. Verschwommen kann ich durch die Plastikhäute Toby, Karen und Gunnar erkennen. Sie wirken etwas besorgt. „*One, Two, Zorb*. Ich zähle bis drei, und wenn du die Trillerpfeife hörst, geht es los." Ich nicke, will mir von meiner Panik bloß nichts anmerken lassen. Jeff schließt mein Plastikgefängnis, und ich bleibe meinem Schicksal überlassen. Dumpf höre ich draußen noch ein Stimmengewirr, kann aber überhaupt nichts mehr verstehen. „Es sind nur wenige Sekunden deines Lebens", versuche ich mir immer wieder einzureden, „dann ist alles vorbei!" Irgendwie habe ich ganz plötzlich das Gefühl ich müsste auf die Toilette. Doch noch bevor ich näher darüber nachdenke, höre ich einen Pfiff, und alles beginnt sich zu drehen. Ich hänge kopfüber, stehe wieder, hänge kopfüber. Erst langsam, dann immer schneller. Grüne Wiese, blauer Himmel, grüne Wiese, blauer Himmel, grün, blau, grün, blau, gr ...

Ich höre mich selbst schreien – kreischen. Jedes Mal, wenn ich über den höchsten Punkt rolle, habe ich ein bisschen das Gefühl, zu fliegen. So muss sich Schwerelosigkeit anfühlen. Total verrückt, aber irgendwie witzig. Befremdlich. Plötzlich rolle ich langsamer, die Kugel hüpft noch zwei Mal und ich bleibe kopfüber stehen. Puh. „War's das schon?“ Das war meine Feuertaufe, ein echter Kiwi zu werden. Binnen Sekunden höre ich auch schon das Zurren, als sich meine Kugel öffnet. *„Did you like it? How was your ride?“*, fragt mich ein anderer Typ grinsend. *„I loved it!“*, übertreibe ich etwas. Meine Ohren wummern und ich muss einige Male zwinkern, um wieder scharf sehen zu können. Phil rollt mich mit den Füßen zurück auf den Boden und schnallt mich los. Taumelnd klettere ich auf allen Vieren nach draußen. Oben auf dem Berg jubeln mir die anderen Teilnehmer zu. Ich reiße die Arme in die Höhe und bin mächtig stolz.

Einer nach dem anderen rollt den Abhang zu mir hinunter. Zwei Japanerinnen steigen zusammen und mit jeder Menge Wasser in den Zorb. Sie kommen klatschnass, mit verwischtem Make-up und heulend unten an. Auch Toby und Karen zorben zusammen. *„Wow, better then sex! One helluva awesome ride!“* Toby klettert als erster heraus. Als schließlich alle unten angekommen sind, beharren die Japaner auf ein Gruppenfoto. Bereitwillig reihen wir uns vor der Plastikkugel auf, Karen und ich springen unseren Männern auf die Arme. Ein minutenlanges Blitzlichtgewitter prasselt auf uns nieder, und das Gackern der Asiaten scheint auch jetzt kein Ende zu nehmen.

Noch bis zum Abend erkunden wir gemeinsam mit Toby und Karen Queenstown. Als wir uns schließlich trennen müssen, machen wir uns heftige Wiedersehensversprechungen. Die beiden werden morgen zurück nach Auckland fliegen, und auch unser Urlaub nähert sich dem Ende. Wir müssen nach Wellington, eine Wohnung mieten, einen Job suchen. Denn schließlich wollen wir hier Fuß fassen. *„Let's keep in touch guys! So great to meet you!“ – „We'll see you again!“*

März –
Ankunft im neuen Leben

„Wow!“ Als ich an der Kordel ziehe, gleiten die schweren beigen Stoffrollos nach oben und geben den Blick frei. Den Blick auf eine malerische kleine Insel inmitten des riesigen Hafenbeckens. Gegenüber sehe ich grüne Hügel mit kleinen Häusern am Kamm, aufgereiht wie eine Perlenkette. Die Sonne scheint und bringt das Wasser zum Glitzern, wie ein Meer aus tausend kleinen Spiegelmosaiken. Rechts von mir ein steiler, wild von Busch bewucherter Hang und zwei Nachbarhäuser – Nachbarn im weitesten Sinne. Man kann die Terrassen und das Profil der Gebäude nur erahnen, denn sie sind von Baumfarnen und Yukkapalmen völlig zugewachsen. Am Hang im Garten unter mir wachsen Pfirsiche und Zitronen. Es ist ein absoluter Traum: „Willkommen im Paradies!“, sage ich zu Gunnar.

Die Idylle und Ruhe nach den adrenalinreichen Tagen zuvor tut gut. Langsam hole ich Luft und atme erst einmal tief durch. Als wir gestern Abend in Eastbourne, einem Vorort von Wellington, angekommen sind, war es schon dunkel. Ken und Chris, unsere *landlords,* also Vermieter, sind extra aufgeblieben und haben uns mit kaltem Bier und einem Glas neuseeländischen Rotwein den besten Empfang beschert! Es war, als würden wir uns schon ewig kennen. Auf ein herzliches Drücken folgten Umarmungen, und unsere Töchter Mia und Amy wurden gleich durch die Luft gewirbelt. Ken und Chris sind Mitte bis Ende Fünfzig und echte Kiwis, genau so wie wir die

Neuseeländer kennengelernt haben: unglaublich offen, tolerant, völlig relaxed. Schon von der ersten Minute an habe ich das Gefühl, hier Freunde zu treffen.

Der erste Kontakt mit Ken und Chris liegt hingegen bereits einige Monate zurück. Schon von Deutschland aus wollten wir unser Vorhaben so gut es geht planen. Eine Unterkunft musste her. Und das war nicht leicht, denn in der Hochsaison ist hier jedes Zimmer vermietet. Wochenlang saßen Gunnar und ich Abend für Abend am Computer und stöberten im Internet. Durch die Zeitverschiebung von zwölf Stunden schlugen wir uns zahlreiche Nächte um die Ohren. Doch alle Mühe war vergeblich. Als wir schon fast aufgeben wollten, stieß Gunnar schließlich auf die Anzeige von Ken, die dieser erst wenige Minuten zuvor online gestellt hatte: *„Traumhaft schönes Loft mit einzigartigem Meerblick mitten im Busch, short- or longterm rental."* Das klang perfekt. Gunnar rief sofort in Neuseeland an. Zuerst bekam unsere Euphorie einen ordentlichen Dämpfer. Das Loft sei nur für ein bis zwei Personen. Aber Ken und Gunnar unterhielten sich lange und interessiert am Telefon. Als das Gespräch beendet war, offenbarte mir Gunnar die sensationelle Überraschung: „Ken hat uns angeboten, die Häuser zu tauschen." Ich wollte es erst gar nicht glauben, was sollte das bedeuten? „Ken und seine Frau Chris werden in ihr Loft über der Garage ziehen, in das Appartement, und wir bekommen ihr ganzes Haus." Eine geniale Lösung, das ist echt kiwi-style.

Und jetzt sind wir tatsächlich hier, am schönsten Ende der Welt. Immer wieder sehe ich hinaus aufs Meer, um mich zu vergewissern, dass alles nicht nur ein schöner Traum ist. In Gedanken versunken laufe ich auf Zehenspitzen nach oben in die Küche. Chris hat uns als Erstausstattung sogar den Kühlschrank für das Frühstück gefüllt. Marmelade, Milch, Müsli, Käse, Joghurts und ein Glas *Vegemite*. Ich kenne das Zeug aus dem Supermarkt und wende das Glas in meinen Händen. Dann stelle ich es zurück in den Kühlschrank. *„No brekkie without veggie"*, hat unser Freund Andy aus Australien mal erklärt. Bei *veggie*, wie die Kiwis es so liebevoll nennen, handelt es sich um eine grauenvoll klebrige, braune sirupartige Substanz, die intensiv nach Maggie schmeckt. Australier und Neuseeländer schmieren sich das Zeug auf ihren Frühstückstoast oder das Sandwich zum Picknick. *Vegemite* ist eines der Grundnahrungsmittel in jedem Kiwihaushalt. Vielleicht gewöhne ich mich noch daran.

Es muss jetzt etwa fünf Jahre her sein, dass wir uns in das schnuckelige Wellington mit seinen 250.000 Einwohnern verliebt haben. Wellington ist zwar die Hauptstadt Neuseelands, aber ganz anders als die meisten anderen Städte in *Aotearoa*, wie Neuseeland in der Sprache der Maori heißt. Das bedeutet „Land der langen weißen Wolke". Wellington ist eher europäisch und vor allem klein und gemütlich. Da die Landebahn des Flughafens zwischen den Meereseinbuchtungen relativ kurz ist, landen hier auch keine großen internationalen Jumbos, sondern nur Boeings.

Die vielen kleinen Cafés, eine Fußgängerzone, Kulturprogramme, Museen – die Stadt hat unheimlich viel Flair. Sie liegt eingebettet zwischen der *Cook Strait*, der Meerenge zwischen Nord- und Südinsel und dem Pazifik. Unzählige grüne Hügel und Buchten reihen sich aneinander, Landzungen ragen mal schroff, mal sanft ins Meer. In der Innenstadt ist die *Cuba Street* das In-Viertel, in dem man sich zum Mittagessen oder auf eine Tasse Kaffee trifft. Die Flaniermeile am *Lambton Quay* beherbergt die teuersten Boutiquen, Banken und wunderschöne alte viktorianische Bauten. Restaurants der verschiedensten Nationalitäten reihen sich am *Courtney Place* aneinander und locken mit Seafood, einheimischen Weinen und Plätzen im Freien. Samstagabend schieben sich hier tanzhungrige Twens und Kneipengänger an den Straßenmusikern vorbei. Rugbyfans feiern ihre Teams nach beendetem Match. Ein besonderes Highlight und uns in ganz besonderer Erinnerung ist das *Embassy Theatre*. Das 1924 errichtete viktorianische Gebäude wurde für die Weltpremiere des dritten *Herr der Ringe*-Films „Die Rückkehr des Königs" komplett renoviert und mit der neuesten Technik ausgestattet. Peter Jackson bezuschusste damals sogar die Arbeiten, und so gelang es ihm, die geplante Hollywoodpremiere in das kleine Wellington zu holen.

Das ehemalige Theater hat heute noch immer die größte Leinwand Neuseelands. Ein winziges Detail, an das ich mich oft erinnere, ist die edle Damentoilette mit der in rotem Samt bezogenen Chaiselonge.

An der Rückseite des *Embassy Theatre* am *Courtney Place* geht es steil den *Mount Victoria* hinauf. Der Stadtberg, von dessen Aussichtsplattform man einen grandiosen Ausblick in alle Himmelsrichtungen hat, ist vor allem bei den Touristen beliebt. Im Stadtpark um den *Mount Vic*, wie die Wellingtonians ihren Berg liebevoll nennen, zirpen an den Hügeln die Zikaden in Kiefernbäumen. Abgesehen von ein paar Downhillbikern, die gelegentlich an den Besuchern vorbeirasen, herrscht hier absoluter Frieden. Man hat fast das Gefühl, als befände man sich im Nirgendwo auf der Südinsel, am Ende der Welt.

Im botanischen Garten finden im Frühjahr das holländische Tulpenfest und im Sommer Freiluftkonzerte aller Art statt. Über einen kleinen Teil des wunderschön angelegten Parks fährt das berühmte Wellingtoner *Cable Car*, dessen Eingang in einer kleinen unscheinbaren Gasse am *Lambton Key* versteckt liegt. Schon seit 1902 fährt der rote Zug durch mehrere Tunnel bis zur Bergstation im Stadtteil *Kelburn*.

Was viele Besucher in den anderen Gegenden des Landes vermissen mögen, steht auf Wellingtons Aushängeschild ganz oben: Kunst, Kultur, Musik und Film. Kleine Galerien, Theater, eine Oper und Museen – hier gibt es einfach alles.

Ein absolutes Muss für den geschichtlich interessierten Besucher und der ganze Stolz der Wellingtonians ist das *Te Papa*, das Nationalmuseum Neuseelands an der *waterfront*. Auf fünf Etagen und einer Größe von drei Rugbyfeldern sind jede Menge interaktive und kostenfreie Ausstellungen zur Geschichte Neuseelands, der außergewöhnlichen Natur des Landes, seiner Geografie und der Maorikultur zu bestaunen: Wie sieht ein traditionelles *Marae*, das Versammlungshaus der Maori, aus? Wie fühlt sich ein Erdbeben der Stärke 6,3 an und welcher Schaden entsteht dabei? Warum sind der Kiwi-Nationalvogel und der Hektordelfin vom Aussterben bedroht? Zahlreiche kleine Museen, wie das *Colonial Cottage Museum* oder das *Museum of City and Sea* locken mit Neuseelands Geschichte, der Zeit der ersten Siedler, des Goldrausches und der Maorikriege.

Ganz in der Nähe liegt Wellingtons Stadtstrand, die *Oriental Bay*. Der mit feinem gelbem Sand aufgeschüttete Strandabschnitt ist für die sonnenhungrigen Businessleute nach Feierabend der ideale Ort, um sich im 18 Grad kalten Wasser abzukühlen.Wellington ist ein fantastischer Ort. Ich bin überglücklich, jetzt endlich hier angekommen zu sein. Und natürlich gibt es auch für mich noch jede Menge zu entdecken.

Jobsuche, Haus finden, Gegend erkunden – als Erstes brauchen wir ein eigenes Auto. Den dunkelgrünen klapprigen Mitsubishi haben wir nur für die erste Zeit geliehen. Heute Nachmittag ist der Rückgabetermin. Die Zeit drängt.

Ken hat sich angeboten, mit auf die *Car Auction* zu *Turner's* zu fahren und uns zu helfen, ein Auto zu ersteigern. Mit viel Glück ist heute die Nachfrage nach Vans gering und wir können ein Schnäppchen machen. *„That's always pretty amusing!"*, meint Ken grinsend, verrät aber nicht weiter, was uns bei der Autoversteigerung erwartet.

Motorlärm, Hupen, Reifenquietschen. Ich stehe plötzlich in einer dicken Wolke aus Autoabgasen. Vorsichtig beuge ich mich über den Motor des Toyota Hiace und versuche etwas zu erkennen – irgendetwas, das mir ein gutes Gefühl geben könnte. Hundert gebrauchte Autos in einer Halle in Wellington, und binnen einer halben Stunde sollen wir nun den richtigen Wagen für unsere kleine Familie finden. Aussehen und Stil zählen längst nicht mehr. Praktisch soll er sein. Der riesige Zwillingskinderwagen muss in den Kofferraum passen und immer noch genug Stauraum für Gepäck lassen. Das sind unsere Prioritäten. Unser Preislimit liegt bei 8.000 Dollar, umgerechnet etwa 4.000 Euro. „Kennst du dich eigentlich mit Autos aus?", frage ich Ken beiläufig. „Überhaupt nicht", lacht er und schüttelt gelassen den Kopf, „ich mag einfach die Atmosphäre." Mir wird etwas mulmig. Das kann ja heiter werden. In zwanzig Minuten startet die Versteigerung. Mühsam arbeiten wir uns durch die Liste der hundert Gebrauchten und hetzen planlos von einer Nummer zur nächsten. Der weiße Honda ist nicht schlecht, schön groß, wenn auch etwas verbeult. Startpreis 9.000 Dollar. Das ist zu teuer. Mir wird von dem ganzen Abgasdunst langsam schwindlig, offenbar wirken wir alle etwas ratlos, denn Mike, der glatzköpfige Manager von *Turner's Car Auctions*, bietet uns seine Hilfe an. Er ist ein aalglatter, in Anzug und Krawatte gepresster Mittdreißiger mit Glatze – übereifrig und eher einem TV-Spot entsprungen. Doch das ist nur die Fassade. Nett und ausführlich erklärt er uns die Bedeutung der Verkaufszettel, die in jedem Auto hängen. „Der blaue Mazda hier ist von uns geprüft, hat aber schon 180.000 Kilometer." Verstohlen blicke ich auf meine Uhr. Noch zehn Minuten bis Auktionsbeginn. Langsam werde ich unruhig, wippe von einem Fuß auf den anderen.

Fast alle Autos sind asiatische Fabrikate, wurden aus Japan importiert. Für Neuseelands Bestimmungen sind sie allemal ausreichend. Gunnar will den nächsten Wagen, einen dunkelroten Kia, Probe fahren. Er sieht ganz schick aus, ist nicht zu teuer, und über die herunterhängende Stoßstange und den kaputten Scheinwerfer sehen wir locker hinweg. Mein Mann lässt den Motor an und fährt aus Versehen in verkehrter Richtung aus der Verkaufshalle. Sofort springen zwei Mitarbeiter auf und rennen gestikulierend und laut rufend hinter ihm her. Peinlich. Grinsend, aber mit rotem Kopf, vertiefe ich mich wieder in meine Verkaufsliste. Dann ertönt eine dröhnende Durchsage und wir werden höflich aufgefordert, den *Showroom* zu verlassen.

Auf unserer Liste sind lediglich zwei dicke rote Kreuze: Das sind die Autos, die in unserer Preisklasse in Frage kommen. Zu mehr haben wir es in der kurzen Zeit nicht gebracht; und Probe gefahren sind wir nur den Kia. „Der Toyota, welcher war das gleich wieder?" – „Ich habe keine Ahnung." Nervös setzen wir uns in die dritte Zuschauerreihe vor der Bühne.

Die Auktion beginnt. Diskobeleuchtung, Nebelmaschinen, Technobeats. Dynamisch schwingt Mike sich wie ein

Showmaster mit einem Colgate-Lächeln auf die Bühne und greift schwungvoll zum Mikrophon: *„Welcome, llllladies and gentlemen. Another beautiful day at Turner's Car Auction."* Ich muss mir auf die Lippen beißen, um nicht laut loszulachen, fühle mich plötzlich wie im Kino. Keine Sekunde vergeht, da steht der erste Wagen bereits mit blinkenden Warnlichtern und aufgerissenen Türen vor uns. Wie ein Maschinengewehr feuert Mike Wortsalven ins Publikum, und die Leute reißen wild die Arme hoch. Doch noch bevor ich von dem Auktions-Kiwi-Slang-Kauderwelsch irgendetwas verstehe, leuchtet die Anzeigentafel auf – Mindestpreis erreicht. Autohupen, wilde Schreie. Die Mitarbeiter rennen durch die Reihen, stacheln das Publikum an. Der Mann neben mir reißt seinen Zettel hoch. Ein lautes Knallen – der Wagen ist verkauft. Gunnar und ich sehen uns entsetzt an. „Hast du irgendetwas verstanden?" – „Nein, kein bisschen." Gerade will Gunnar Ken um Rat fragen, da steht schon unser favorisierter Kia vor der Bühne. „Und jetzt?", will ich von Gunnar wissen. „Ist doch klar, wir bieten mit!" Doch kaum hat er den Satz beendet, ist der Hammer bereits gefallen. Unser erstes Auto ist uns durch die Lappen gegangen. Ein schmieriger Autohändler mit Hawaihemd und Goldkettchen reibt sich triumphierend die Hände. Ich kann es nicht fassen! Nun bleibt nur noch der schwarz-metallfarbene Toyota Estima, ein *peoplemover*, wie die Neuseeländer zu Vans sagen. Acht Sitze, alles umklappbar. Doch das Auto ist als Nummer 99 von 100 gelistet, und wir sind gerade erst bei Nummer 16 angelangt. „Welches Auto war der Toyota nun wieder? Ich kann mich vor lauter Wagen überhaupt nicht mehr erinnern. Das Raucherauto?" – „Nein, das mit dem Sonnendach und dem riesigen *moonroof* hinten – glaube ich." Oh je. Jetzt nur nicht die Nerven verlieren. Doch das ist leichter gesagt als getan. „Das wird noch mindestens eine Stunde dauern", ruft Ken uns beiläufig zu. Ich rutsche auf meinem Sitz hin und her und versuche irgendwie, der Versteigerung zu folgen. Mein Kopf dröhnt von all dem Lärm, und ich verabschiede mich für eine Weile nach draußen an die frische Luft. Als ich zwanzig Minuten später zurück in die Auktionshalle komme, wird gerade Auto 87 versteigert. Wir nähern uns dem Ende.

Als „unser" Wagen, der Toyota Estima, endlich an der Reihe ist, geht alles ganz schnell. Der Wagen wird vorgefahren, und ein junges Pärchen in Strandoutfit gibt das erste Gebot ab: 5.600 Dollar. Immerhin hören wir aus dem Kiwi-Kauderwelsch schon ein paar Zahlen heraus. Ich boxe Gunnar in die Seite. Er sieht Ken an und hebt dann die Hand. *„Hey-yah"*, ruft einer der Mitarbeiter und deutet mit der Hand auf Gunnar. Nur eine Sekunde später überbietet uns einer der Händler. Wir gehen mit. Jedes Gebot treibt den Preis um hundert Dollar in die Höhe. *„Hey-yah"*, ruft der Jungspunt-Gehilfe im Anzug erneut. Das andere Paar bietet höher und höher. Mist. Bei 6.900 Dollar verlangsamt sich endlich das Tempo des Redeschwalls. Zeit um kurz durchzuschnaufen. „Wie hoch gehen wir? Bis 7.100, oder? Es kommen ja noch Gebühren dazu", sagt Gunnar und sieht mich fragend an. Ich nicke. Ken gestikuliert plötzlich und gibt uns zu verstehen, dass wir in halben Schritten, also mit fünfzig Dollarabstand weiterbieten sollen. Wir müssen nur mit Daumen und Zeigefinger einen „kleinen Abstand" deuten. *„Half!"* brüllt Gunnar den Mitarbeitern zu und versucht den Auktionaren zu deuten. Sie nicken zustimmend. Vier Mal gehen wir *„half"* mit. Dann sind wir bei 7.100 Dollar angekommen. „Lass uns weiterbieten!", rufe ich Gunnar zu. Er bietet noch einmal und noch einmal. Nur das andere Paar ist noch im Rennen. Sie sind hartnäckig, scheinen den Toyota auch unbedingt haben zu wollen. „Wir brauchen ihn wirklich dringend“, denke ich laut. Ich bin so aufgekratzt, als hätte ich einen Liter Kaffee getrunken. Doch Gunnar wirkt cooler, beobachtet und bietet ein letztes Mal. Es ist mucksmäuschenstill in der Halle. Unsere Konkurrenten scheinen ebenfalls zu überlegen. Der Blick von Auktionator Mike wandert von dem Paar zu uns und wieder zurück. Fordernd zieht er die Augenbrauen nach oben. Da reißt unser Konkurrent noch einmal den Zettel hoch. Gunnar zögert erst, geht dann mit. Es knistert förmlich im Raum. *„Yeah. 7.300 Bucks.“* Stille. „Zum Ersten, zum Zweiten, zum Dritten!“ – der Hammer fällt.

Ein Raunen geht durch die Runde. Ich sehe Gunnar an. Wir springen beide auf und fallen uns in die Arme. „Wir haben ein Auto!“ Ich kann es gar nicht fassen, umarme auch Ken und drücke ihm einen Kuss auf die Backe. Er lacht, und die kleinen Falten um die Augen seines braun gebrannten gutmütigen Gesichtes werden tiefer. Erst mal durchatmen! Da kommt auch schon ein Mitarbeiter des Auktionshauses auf uns zu und führt uns in den Vorraum, um Vertrag und Bezahlung zu regeln. Ken verabschiedet sich, will zurück nach Hause. *„Thank you so much for your help!“ – „No big deal!“*, lacht er.

Es folgt jede Menge Papierkram, wir geben unsere neue Adresse bei Ken und Chris an, zeigen unseren Pass. „Können Sie das Auto gleich zulassen?“, fragt Gunnar die Dame hinter dem Glasschalter. „Natürlich.“ Das geht in Neuseeland ganz schnell und ist binnen Minuten erledigt. Die Mitarbeiterin tippt wild auf einem Taschenrechner herum und legt uns dann den Kaufvertrag hin. 8.275 Dollar inklusive Zulassung für ein halbes Jahr, Auktionsgebühren und einer Halbjahres-Gebrauchtwagengarantie im Pannenfall. Das ist mehr, als wir eigentlich ausgeben wollten.

„Wie wollen Sie bezahlen?“, fragt die nette Dame mit einem Lächeln. – „Mit Kreditkarte.“ – „Dann brauchen wir aber zwei verschiedene. Ich darf leider nur Summen in Höhe von 5.000 Dollar auf eine Karte abrechnen“, erklärt die Mitarbeiterin freundlich. Gunnar blickt irritiert zu mir. Ich bin diejenige, die unsere Finanzen regelt. Fieberhaft gehe ich in Gedanken die Konten durch. Deutsche EC-Karte nehmen sie nicht. Das Bargeld, das wir dabei haben, liegt in Euro zu Hause in Eastbourne und auf dem neu eröffneten Konto bei der neuseeländischen ASB-Bank ist nicht genug Geld. „Wie peinlich!“, flüstere ich Gunnar zu und bemerke die immer länger werdende Schlange hinter uns. Wir bezahlen 5.000 Dollar mit Kreditkarte, schildern kurz das Problem und machen Platz für den Nächsten. „Du musst schnell das Bargeld holen und wieder herkommen. Ich warte hier mit den Kindern.“ – „Und dann? Euros akzeptieren sie hier nicht. Wir müssen zur Bank und das Geld wechseln lassen. Aber heute ist Samstag!“ In diesem Augenblick kommt Manager Mike vorbei, sieht unser Stirnrunzeln. *„Hey guys, can I help you?“* – „Gibt es irgendeine Bank, die samstags offen hat?“ Wir erklären Mike unser Debakel. Und tatsächlich: In einer der vielen *shoppingmalls*, einem Einkaufszentrum im Nachbarort, müsste eine Filiale geöffnet haben. Gunnar steigt schnell ins Auto, holt das Bargeld aus dem alten Lederbrustbeutel, den wir im Haus versteckt haben. Zehn Minuten später ist er wieder da. Das Auktionshaus hat sich mittlerweile geleert, eine Kasse ist bereits geschlossen. Plötzlich sehe ich Manager Mike und Gunnar an mir vorbeieilen und kurz darauf in einem roten Sportflitzer davonrasen. Was ist denn nun los? Kurze Zeit später kommt Gunnar mit einem Geldbündel in der Hand wedelnd wieder zurück. „Alles klar. Mike hat mich schnell gefahren.“ Mein Mann grinst, als er mein verdutztes Gesicht sieht. Dann bezahlt er an der Kasse den Restbetrag. Wir sind die letzten Kunden. Die Mitarbeiter von *Turner's* schließen gleich hinter uns die Türen ab. Der Innenhof ist wie leergefegt. Und da kommt er um die Ecke, unser riesiger schwarzer *peoplemover*, unser eigenes Auto. Neugierig öffne ich die hintere Schiebetür. Innen ist alles wie geleckt und riecht nach chemischem Zitronen-Cockpit-Reiniger. Der Wagen hat Automatik, an der Heckscheibe befindet sich außen ein riesiger Spiegel – als Einparkhilfe. Das Beste aber ist: Die hinteren Sitze lassen sich in alle Richtungen schieben und drehen. Wir steigen ein und machen stolz die erste Probefahrt.

Am Nachmittag begebe ich mich mit Chris zusammen auf Shoppingtour. „Soll ich dir zeigen, wo du den besten Fisch bekommst, günstige *fruit and veges* und gutes Fleisch? Wir könnten zusammen einkaufen fahren – *women's work.*" – „Gern, warum nicht." Wir packen die Kinder in Chris' roten uralten Volvo und fahren los.

„Wenn du nur ein paar kleine Sachen brauchst, dann fahr' einfach ins *dairy* nach Eastbourne. Da gibt es vor allem Milch- und Milchprodukte. Das ist so etwas wie ein kleiner Tante-Emma-Laden", klärt mich Chris auf. Wir nehmen die entgegengesetzte Richtung entlang der Küste. Die kurvige Straße führt von einer Bucht zur nächsten in den nächstgrößeren Ort *Petone*. Es ist stürmisch, das Meer aufgewühlt und rau. Bis auf die Straße klatschen die riesigen Wellen und Salzwasser prasselt auf unsere Windschutzscheibe, so dass Chris trotz Sonnenschein die Scheibenwischer auf die höchste Stufe schaltet. Jede Menge Treibholz, abgerissene Algenstränge und Kies liegen mitten auf der Fahrbahn. „Zwei bis drei Mal im Jahr müssen sie die Straße ganz sperren. Dann geht nichts mehr. Für uns ist das ziemlich unpraktisch, denn das ist die einzige Zufahrt zu uns nach Hause“, erklärt Chris mit Leichtmut. So etwas wäre in Deutschland undenkbar. Hier nehmen es alle einfach als gegeben hin. Durch die kleine *Sydney Street* kommen wir auf einem Schleichweg zum Parkplatz. *Pack'n Safe* ist der billigste Supermarkt in Neuseeland. Und er ist riesig. Schon die Fläche des Parkplatzes ist so groß wie vier Fußballfelder, die Einkaufswagen überdimensional. *Geöffnet Mo–Fr 7:00 to midnight, Sa, So 6:00 to midnight.* Selbst jetzt, Samstag Spätnachmittag ist das Areal voll. Ich staune. Hier gibt es viele Läden, die rund um die Uhr geöffnet haben. Für Chris ist das natürlich völlig normal.

Wir steuern auf den Eingang zu. Breite elektrische Glasschiebetüren öffnen sich. Es ist frisch hier drinnen, voll klimatisiert. Zuerst kommen wir durch eine riesige Obst- und Gemüseabteilung. Hier stapeln sich Berge von sauber aufgereihten Salatköpfen, Gurken, Lauch; in den verschiedensten Grüntönen leuchten sie nebeneinander. Rechts von uns liegen Regale voll mit Orangen, Ananas, Mangos und Kokosnüssen. Alles scheint makellos, wie aus Plastik. Neuseelands Exportschlager, Äpfel und Kiwis, gibt es gleich in abgepackten Tüten, teilweise bis zu drei Kilo.

Ich entdecke komische regenwurmartige rote Wurzeln, die Yams heißen, grüne Fechojas, die aussehen wie Limetten und Kumara-Süßkartoffeln. „Das sind alles neuseeländische Züchtungen“, erklärt Chris, als sie mein ratloses Gesicht sieht. „Interessant“, bringe ich gerade noch so hervor. Ich rolle unseren ‚Einkaufs-Mercedes‘ vorbei am Kühlregal mit säuberlich abgepackten Fleischbergen. Ganze gekochte Schweinebeine kann man hier kaufen, Fünf-Kilo-Hackfleischpakete oder *chicken drumsticks*, Hähnchenschenkel im 30er Pack. Wir erreichen die Fischtheke. Lebende, mit grünem Seegras bewachsene *greenshell mus-*

sells, liegen in einem Wasserbecken und fahren alle paar Sekunden mit einem Lift aus dem Wasser und wieder zurück. Unmengen der verschiedensten Fischfilets – Warehou, Tahakiri, Gunnard, Red Cod, Blue Cod –, deren Namen ich vorher noch nie gehört habe. Daneben liegen ganze Flundern, Shrimps, Krabben – die Auswahl ist gigantisch. Genauso auch die Preise. 27 Dollar pro Kilo ist das Teuerste, das ich finden kann. Das sind nur etwa 14 Euro für ein Kilo Fisch. Auch Fleisch, Obst und Gemüse sind billiger als in Deutschland. „Sollen wir heute Abend ein gemeinsames *barbie* machen?", fragt Chris. „Sicher, gerne!" Spontane Feste sind die Besten. In den paar Tagen sind unsere Vermieter schon fast zu Ersatzeltern geworden und nennen sich im Spaß selbst *kiwi parents.* Sie unterstützen uns bei allem und machen uns das Ankommen dadurch umso leichter.

Lammsteaks, Würste, ein bisschen Warehou-Fisch – allmählich füllt sich unser Einkaufswagen. Dann erreichen wir die Milchwarenabteilung: Ein-Kilo-Joghurtcontainer, Drei-Liter-Milchbehälter, Ein-Kilo-Butterstücke und Zwei-Kilo-Käseklötze. Unglaublich. Das wird doch schlecht, bevor man es gegessen hat. Im Hauptteil der riesigen Supermarkthalle passieren wir deckenhohe Regalreihen, in denen sich die unterschiedlichsten Produkte häufen: Ganze Wände voller Müsli und Flakes, weiße Toastbrotberge der unterschiedlichsten Marken, von *super soft* über *fluffy,* bis hin zu Scheiben mit kleinen Körnern grenzen an einen ganzen Gang voller verschiedener Cracker und Biskuits; Chipstüten in den verschiedensten Geschmacksrichtungen nehmen ein ganzes Regal ein und stapeln sich bis unter die Decke. Das Ganze gleicht eher einem Gastronomiegroßhandel.

Die Auswahl ist international und ziemlich abenteuerlich. Viele indische und asiatische Produkte sind neben klassischen *Baked Beans*-Dosen und Roastbeef aufgereiht. Gesundheitspillen und Ökoprodukte liegen neben den importierten Delikatessen wie Pumpernickelbrot aus Deutschland oder türkischem Apfeltee zu horrenden Preisen.

Genauso gemischt wie die Auswahl der Produkte sind die Kunden. Spindeldürre Inderinnen in langen lilafarbenen Gewändern laufen in Flip-Flops an uns vorbei und wuchten Zehn-Kilo-Reissäcke in ihre Wagen. Wohlbeleibte Maori-Mamas schlendern mit Zweieinhalb-Liter-Colaflaschen bewaffnet laut tratschend durch die Gänge in Richtung Kasse. Braun gebrannte Surferkiwis manövrieren ihre Wagen durch die Menge wie ihr Brett über die Wellen. Businessleute im Anzug holen sich ein Paket fertiges Sushi, während Bauarbeiter im Blaumann und verdreckten Gummistiefeln sich ein ganzes süß-sauer mariniertes Brathühnchen kaufen. Eine Frau schiebt ihre Kinder in einem bunt bemalten ‚Einkaufsauto', das eher einer Entertainmentmaschine aus einer Spielhölle gleicht, durch die Gänge. Junge und Mädchen sitzen hinter dem Plastiklenkrad des Spielzeugwagens, hören Musik und Geschichten aus den eingebauten Lautsprechern, während ihre Mutter die Produkte auf die Ablagefläche, das eingezäunte Dach des ‚Einkaufs-Porsche', platziert. „Für zwei Neuseelanddollar kann man das ‚Ich möchte meine Ruhe beim Shoppen-Ding' ausleihen", lacht Chris.

„Wir brauchen für heute Abend noch einen *emergency wine!*", meint sie dann und steuert auf die Getränkeabteilung zu. In neuseeländischen Supermärkten gibt es an alkoholischen Getränken nur Sekt, Wein und Bier zu kaufen, und auch dies erst seit relativ kurzer Zeit. Für alles andere Prozenthaltige müssen die Kiwis in die sogenannten *Liquor Stores* gehen. Wir packen noch ein Sixpack *Speight's Gold Beer* und einen guten neuseeländischen

Rotwein aus der *Hawkes Bay* ein und schlendern dann in Richtung Ausgang.

Zwanzig Kassen reihen sich nebeneinander und alle sind geöffnet. Oft sitzen in Neuseeland zwei Angestellte an jedem *checkout*. Einer tippt, der andere packt die Ware ein. Fleisch getrennt von Gemüse, Kekse getrennt von Kosmetikartikeln. Unmengen von Plastiktüten kommen zum Einsatz. „*Pack'n Safe* ist der einzige Supermarkt, in dem man die Tüten kaufen und die Ware selbst einpacken muss", erklärt Chris mir den Ablauf. „Daher der Name!" Wieder habe ich etwas gelernt. Wir transportieren unsere Einkäufe in den bereitgestellten Pappkartons.

Das *BBQ* wird ein voller Erfolg: Wein, neuseeländisches Lamm, Fisch, Salate, und das alles auf der Terrasse bei einem traumhaften Sonnenuntergang. Rot, pink, gelb, türkis, lila – der Himmel leuchtet in allen Farben, und die Schäfchenwolken schaukeln am Firmament wie eine kitschige Filmkulisse. Alles ist perfekt.

Wir sprechen über unsere Jobs. Ken und Chris arbeiten, wie Gunnar auch, in der Fernsehbranche. Chris war Maskenbildnerin und früher beim Film für *Special Make-up* verantwortlich. „Blutkapseln und all das neumodische Zeug gab es damals noch nicht. Ich hatte meine Geheimrezepte. Oft habe ich ‚meine Zutaten' in der Apotheke gekauft, es war manchmal gar nicht so leicht, zu erklären, wofür ich das brauche", erzählt sie. Ken ist TV-Produzent und kennt viele Leute und Firmen in Neuseeland. „Das ist wirklich ein Zufall. Ich bin auf der Suche nach einer Stelle als Fernseh-Cutter." Gunnar schildert, was er in Deutschland gemacht hat. „Ich habe eng mit den Redakteuren zusammengearbeitet. Nach dem Dreh lieferten sie mir das Bildmaterial; gemeinsam haben wir dann die Stories, Magazinbeiträge oder Reportagen geschnitten. Ich würde mich als kreativen Techniker bezeichnen." – „Hier in Neuseeland ist der Fernsehmarkt klein", weiß Ken genau. „Jeder kennt jeden. Ich kann dir bei der Jobsuche vielleicht helfen und ein paar alte Bekannte anrufen." Ich kann unser Glück gar nicht fassen. „Das wäre toll!" Gunnar möchte sofort alles über die Firmen und Filmemacher wissen.

Zu fortgeschrittener Stunde erzählen wir von Deutschland, von unseren Familien und Freunden. Mir ist wirklich, als würden wir die beiden schon seit Jahren kennen. Auch das Alter ist überhaupt keine Hemmschwelle. Ken hat einen großartigen Humor. Als es kälter wird, fragt Chris mich in typischem Kiwi-Slang: *„Shall I get you a cardy?" – „A what?" – „A cardigan."* Ach so, eine Strickjacke. *„No, I'm fine"*, lache ich.

Eigentlich funktioniert die Kommunikation auf Englisch besser als ich dachte, aber wenn es um Redewendungen und Abkürzungen geht, sind Gunnar und ich noch ziemlich überfordert.

Auch Ken ist das natürlich nicht entgangen, und deshalb erhalten wir umgehend unseren ersten Sprachkurs im umgangssprachlichen Neuseeland-Englisch: *„I went camping with a friend once"*, erzählt er. *„He's not one of the sharpest tools in the shed."* – Aha, nicht das schärfste Werkzeug im Schuppen – was für ein eleganter Ausdruck für jemanden, der etwas einfach gestrickt ist. Ich amüsiere mich köstlich. „Man könnte auch sagen *lights are on but no one's home*", toppt Chris noch. Gunnar lacht. „Kens Freund ist ein echter *hillbilly*, ein ziemlicher Hinterwäldler – hält sich zwar für sehr clever, ist aber ein ganz schöner Tollpatsch", verrät Chris hinter vorgehaltener Hand. „*Anyway*, zurück zum Camping. Abends war ihm kalt, er hatte seinen *billy*, seinen Teekessel, dabei und machte sich ans Teekochen. *‚He wanted to boil the billy'*, wie wir dazu sagen. Er hatte allerdings schon ein paar Bier getrunken und war ziemlich müde." Ken holt Luft. *„Hammered,* völlig betrunken", platzt Chris dazwischen. *„Hm, more tipsy than shitfaced"*, wiegelt Ken ab und grinst. „Eher angedudelt als sturzbetrunken. Statt Tee hat er jedenfalls sein Bier gekocht; das gab dann einen echten *booze,* ein richtiges Gesöff." – „Ich glaube, ihr seid beide ziemliche *silly billys,* Kindsköpfe", meint Chris.

„Es wird wohl noch eine ganze Weile dauern, bis ich so etwas auf Englisch spontan in die Runde werfen kann", entgegne ich, noch immer ziemlich belustigt. „Darauf muss ich einen Schluck trinken." Ken holt ein weiteres Bier für Gunnar und füllt mir großzügig noch einmal mein Weinglas. *„Hey, it's just a peace of cake"*, sagt Ken grinsend. Diesen Ausdruck kenne sogar ich: „Ist alles gar nicht so wild. Das lernt ihr schon noch." Wir stoßen lautstark an. *„Cheers!"*

April –
Ups and Downs

„One ticket to Victoria University, please." Ich steige in den pinken *Valley Flyer Bus* in Richtung City. Der Busfahrer, ein kräftiger dunkelhäutiger Maori, sitzt lächelnd hinter dem Lenkrad. *„Here you go."* – „Kannst du mir sagen, wo ich aussteigen muss?", frage ich noch. *„No worries. Take a seat."* Ich platziere mich schräg hinter dem Fahrer in der ersten Reihe. Der Bus schaukelt die schmale Küstenstraße entlang der Bays. Hinter jeder Kurve habe ich das Gefühl, wir würden den Gegenverkehr rammen. *„By the way, I'm Kahu."* Der Busfahrer winkt mir zu. *„I'm Anja, nice to meet you."* – *„Hey, where are you from?"*

Natürlich ist das oft die erste Frage, wenn ich mit jemandem ins Gespräch komme. Die Kiwis sind Ausländern gegenüber unglaublich nett und aufgeschlossen. Sie wollen immer wissen, warum und wie man nach Neuseeland gekommen ist. „Ich komme eigentlich aus Deutschland, wohne jetzt in der *Mahina Bay.*" Dann erzähle ich kurz, dass ich in Neuseeland Fuß fassen möchte. *„Wow, good on ya. How brave."* Er macht eine kurze Pause, kassiert das Fahrgeld von einer älteren Dame, die gerade eingestiegen ist. *„Welcome to New Zealand then! Hope you like it here!"* Und ob. Ich bedanke mich mehrfach. Kahu ist auch gar nicht zu bremsen und will gleich alles über meine Familie wissen. „Unsere Ersatzoma Chris passt gerade auf meine Zwillinge Mia und Amy auf. Ich habe in einer Stunde meinen offiziellen Englischtest, den ich für unsere Einwanderungspapiere brauche." – *„Wow, twins,* *lucky you!* Bei uns Maori bedeuten Zwillinge besonderes Glück und Freude. Das ist wirklich ein Geschenk. *All my aunties and cuzzies would love to have twins!*", verrät er. Abkürzungen und Verniedlichungen, das habe ich inzwischen schon mitbekommen, benutzt man überall: *relies* für *relatives*, Verwandte, *aunties* für Tanten, *cuzzies* für Cousins oder *bros* für *brothers*. Wobei *brothers, mates* und manchmal auch *buddys* eigentlich jeder sein kann, den man gerade trifft. Einen Unterschied zwischen Freund oder Bekanntem kennen die Kiwis gar nicht. Jeder ist gleich *my friend*. Auch wenn man ihn erst einmal gesehen hat. Das mag manchmal ein wenig oberflächlich scheinen, doch gerade wenn man noch niemanden kennt, ist dieser nette Umgangston eine enorme Hilfe. Berührungsängste sind den Kiwis fremd. Hier herrscht ein überaus freundliches und höfliches Miteinander. Die Anonymität unserer deutschen Großstädte ist mir in Neuseeland noch nie begegnet.

An der nächsten Haltestelle steigen einige Passagiere hinten aus. *„Cheers, mate."* – „Danke" – *„Thanks, driver"*, rufen sie nach vorne. Auch beim nächsten Stopp bedanken sich die Leute bei Kahu. Bei dem Gedanken, wie ein deutscher Busfahrer darauf reagieren würde, muss ich schmunzeln. Auf einmal wendet Kahu den Bus quer auf der Kreuzung. *„Wrong way"*, sagt er lachend und hält den gesamten Verkehr auf. *„It's my first day today. I don't know the way."* Er lässt sich überhaupt nicht aus der Ruhe bringen. „Kennt jemand den Weg, den dieser Bus immer nach Wellington nimmt?", fragt er über den Rückspiegel zu den hinteren Fahrgästen. „Na das ist wohl eher ein Scherz", denke ich mir und beobachte gespannt, was passiert. Aber außer mir scheint sich niemand zu wundern. Ein Typ im Businessanzug kommt in aller Seelenruhe durch den Gang nach vorne geschlendert. „Du biegst an der nächsten Kreuzung links ab." Er deutet durch die Frontscheibe. „Dann kommst du auf die Autobahn", erklärt der Schlipsträger freundlich.

„Also nächste Kreuzung links. *Thanks, buddy!*" Der Bus knarrt, wir nehmen fast die Ampelstange mit, fahren kurz durch den Gegenverkehr. Zurück auf unserer linken Spur fahren wir in die Richtung, aus der wir gerade gekommen sind. Kein Mensch hupt, kein wildes Fuchteln der anderen Fahrer, keine verärgerten Gesichter. Ich staune.

„What kind of English test?", steigt Kahu wieder ins Gespräch ein, als ob nichts passiert wäre. Ganz offensichtlich bringt ihn so schnell nichts aus der Fassung. Ich stocke kurz, habe den Faden verloren: „Die Regierung verlangt von allen, die im Land leben wollen, den IELTS-Test. Mein Mann hat ihn schon in Deutschland gemacht. Und jetzt bin ich dran. Ich bin wirklich aufgeregt. Ich hasse Prüfungen!" – *„Hey, she'll be right"*, muntert er mich auf und nimmt im *roundabout*, im Kreisverkehr, beinahe einen kleinen blauen Daihatsu mit. „Dein Englisch ist doch super! Bestimmt würden die meisten Neuseeländer den Test nicht bestehen, bei unserem Slang." Er lacht herzhaft und seine gesamte Bauchdecke bebt mit. „Oh, vielen Dank. Ich habe nämlich die letzten zwei Tage über dem Testbuch gesessen und gebüffelt." Der Busfahrer lenkt den *Valley Flyer* auf die Autobahn. Wir passieren zwei Radfahrer. Mein Prüftermin beginnt in einer halbe Stunde. Noch sind wir gut in der Zeit.

Mitten in der City steigen zwei junge Japanerinnen aus dem Bus und fragen Kahu, wie sie zum *Cable Car* kommen. Und da ist Kahu ganz in seinem Element: Er lässt sich von den beiden kichernden Mädchen den Stadtplan geben, zeigt ihnen die schönste Strecke und gibt ihnen Tipps, was sie sich auf dem Weg zur *Cable Car Station* noch alles ansehen müssen. *„The Café Italiano in Cuba*

Street has great food and …!“ Ich glaube es nicht, schiele verstohlen auf meine Uhr. Das wird knapp. Wenn Kahu jetzt nicht endlich Gas gibt, komme ich zu spät. Ich drehe mich zu den anderen Fahrgästen um. Ein Mann lugt kurz über die Zeitung, vertieft sich dann wieder in die Nachrichten. Eine Frau blättert in der *Women's Weekly* und blickt nicht einmal auf. Zwei Businessleute sind ins Gespräch vertieft, einige Jugendliche in Schuluniform blödeln und lachen. Es scheint keinen auch nur im Geringsten zu stören, dass sich Kahu alle Zeit der Welt nimmt, um den Touristinnen den Weg zu erklären. Relaxed – alle. Für meine Verhältnisse ein bisschen zu entspannt. Nach sage und schreibe 10 Minuten fährt Kahu weiter. „Bloß nichts anmerken lassen.“ Ich versuche mein angespanntes Gesicht zu einem Lächeln zu verziehen. Fünf Minuten später bin ich da. *„There you go. Victoria University. Good luck with your test!“* – „Danke!“ Kahu winkt noch und fährt dann in aller Ruhe davon.

Mein Test ist in vier Teile untergliedert: *Speaking, listening, reading* und *writing*. Mit anderen internationalen Teilnehmern warte ich auf mein 15-minütiges Interview, während sich die Empfangsdame schon einmal mit uns unterhält – das Aufwärmtraining.

„I'm here for now two month and stay – really like to“, versucht sich eine kleine, zierliche Chinesin auszudrücken, die wohl so um die Zwanzig sein muss. Eine Inderin mit langen schwarzen Haaren und freundlichem Lächeln ist in ein blaues mit Pailletten besticktes Gewand gehüllt und trägt unzählige goldene Kettchen und Ringe. Ich muss nicht lange warten, bis eine strenge Mittvierzigerin in Pumps und Kostüm mich zum Gespräch bittet: „Mrs. Skonborn, bitte.“ Ich folge ihr wie hypnotisiert durch das Gewirr der Gänge. „Warten Sie hier, bis Sie aufgeru-

fen werden. Es kann nicht mehr lange dauern. Viel Erfolg!" In diesem Moment fliegt die Tür auf. *„Hi, I'm Jenny. How are you?"* – *„Hi, I'm Anja. A bit nervous, to be honest."* Ich bestätige erst alle persönlichen Daten. Dann geht es los. *„Tell me about you. Where are you from?"* Das habe ich nun schon zigmal erzählt. Jenny nickt interessiert. Dann fragt sie mich nach meinen Hobbys, typischen Dingen, die Deutsche gerne sammeln. Ach du Schreck. Puppen und Aufkleber, Briefmarken und Münzen – das bekomme ich noch hin. Doch was heißt nur Bierdeckel oder Gartenzwerg? Ich versuche, die fehlenden Vokabeln zu umgehen und den Satz einigermaßen sinnvoll zu Ende zu bringen. Was weiß Jenny schon über deutsche Sammelwut? Nach unendlich lang erscheinenden 15 Minuten bin ich fertig und atme erst einmal tief durch.

Kurz darauf treffe ich ein paar andere junge Leute, die auch auf den schriftlichen Test warten. Noch bevor es losgeht, komme ich mit einigen von ihnen ins Gespräch: Sandro ist Narkosearzt und kommt aus Italien. Er braucht den Test, um überhaupt hier praktizieren zu können. Eine junge schwangere Frau, etwa in meinem Alter, fragt mich: *„Where are you from?"* – *„Germany"* – „Ach, wie lustig, ich auch." Wir unterhalten uns, und Sabine gesteht mir ihre Angst, mitten in der Prüfung auf die Toilette zu müssen. „Oh, als ich schwanger war, musste ich ständig. Ich kannte jede öffentliche Toilette", versuche ich sie aufzuheitern.

Wir werden in den Prüfungsraum gerufen, einen riesigen Hörsaal mit klapprigen alten Stühlen. Jeder bekommt einen Platz zugewiesen. Sabine sitzt nicht weit von mir entfernt. Wir lächeln uns noch einmal aufmunternd zu. Nach einer kurzen Einleitung werden die Prüfungsbögen verteilt und der Test beginnt. Der Text kommt vom Band und handelt von einer Studentin: *„Sophie is new at the* *university and needs to find her way to the library.*" Die Geschichte ist ganz gut verständlich, enthält nur ein paar Fangfragen und Zahlendreher. „Jetzt bloß konzentriert bleiben", sage ich mir, während ich die ersten Lücken ausfülle. Meine Anspannung lässt schnell nach, und ich werde sicherer, auch wenn ich irgendwann ein wenig den roten Faden verliere. Dann folgt der *reading part: „Lesen Sie die zwei Texte genau und beantworten sie dann die Fragen."* Der Stoff ist etwas schwieriger, aber ich finde mich ganz gut zurecht. Als Journalistin muss ich oft Texte redigieren oder zusammenfassen – das ist ein echter Vorteil. Zu guter Letzt sollen wir selbst zwei Texte schreiben: einen Brief an den Sportclub und etwas zum Thema *„traditional costumes in your home country"*. Ich erzähle also von Dirndln, Lederhosen und dem Oktoberfestumzug. Nach einer weiteren Stunde Schwitzen ist alles vorbei.

„Und, wie ist es dir ergangen?", will Sabine wissen. – „Na ja, beim Hörverständnistest habe ich irgendwann den Faden verloren." So stehen wir noch und unterhalten uns eine gute halbe Stunde. Sabine kommt ursprünglich aus Köln und wohnt jetzt in der *Lyall Bay*, am anderen Ende von Wellington. Mit ihrem Mann lebt sie bereits seit sechs Monaten in Neuseeland. „Vielleicht können wir uns mal wiedersehen", schlage ich vor. Wir tauschen unsere Telefonnummern aus und steigen beide in den Bus nach Hause.

Auch für Gunnar hat der Ernst des Lebens begonnen – die Jobsuche. Schon die ganze Woche haben wir gemeinsam mit Ken Telefonnummern von Ansprechpartnern der wichtigsten Firmen herausgesucht. Unsere Strategie: Einfach anrufen. Schon beim zweiten Telefonat hat Gunnar Glück: Bei einem privaten Fernsehsender werden noch Mitarbeiter gesucht und er wird spontan zum Probearbeiten eingeladen. Während ich beim Englischtest saß, hatte Gunnar also schon seinen ersten Arbeitstag, wenn auch nur auf Probe.

„Und, wie war es?“, frage ich neugierig, als er abends nach Hause kommt. „Wie war es bei dir?“, fragt er zurück. Er weiß, dass ich vor Neugier platze und liebt es, mich zu foppen und die Nachricht so lange wie möglich zurückzuhalten. „Bei mir lief es ganz gut – bestanden habe ich bestimmt.“ Das war kurz und schmerzlos. „Jetzt erzähl du!“

„Also, die Firma hier in Wellington ist nur eine Zweigstelle, der Hauptsitz ist in Auckland. Aber die Leute sind alle sehr nett, die Arbeitsatmosphäre entspannt und persönlich. Es gibt etwa eine Handvoll Redakteure, auch einen Schweizer.“ Ich nicke. „Meine direkte Vorgesetzte heißt Anahera. Sie ist *teamleader*, der Kopf der Editoren und unheimlich sympathisch. Außerdem rundlich, gemütlich, warmherzig – eine Maori-Mama wie aus dem Bilderbuch.“

Dann erzählt er, dass er probehalber einen Nachrichtenbeitrag schneiden musste. „Nach einer halben Stunde stand die Story.“ Er wirkt zufrieden. „Ana fand es großartig, sie wird ein gutes Wort für mich beim Redaktionsleiter einlegen.“ – „Na, das war doch gar kein schlechter Einstand!“ Ich freue mich. „Und wie seid ihr verblieben?“ – „Sie wollen sich bei mir melden. Aber Ana hat uns ganz unabhängig davon nächsten Samstag auf ein Bier zu sich nach Hause eingeladen. Da müssten wir uns wirklich sehen lassen!“

Die Maori kommen ursprünglich aus Polynesien. Dem Mythos zufolge gelangten sie vor über 1.000 Jahren von ihrer Heimat *Hawaiki* aus in vierzig verschiedenen Kanus, den sogenannten *wakas*, nach Neuseeland und besiedelten das Land – lange bevor die ersten Europäer einen Fuß auf die Südhalbkugel setzten.

Der niederländische Seefahrer Abel Tasman war 1642 der erste Europäer, der neuseeländischen Boden betrat. Hundert Jahre später bereiste und kartografierte James Cook die Nord- und Südinsel. Die Maori müssen für ihn ein ungewöhnlicher, wenn nicht beängstigender Anblick gewesen sein: Sie waren größer und kräftiger als die damaligen Europäer, trugen Tätowierungen am ganzen Körper und hielten ihre Feinde mit einem imposanten Kriegstanz, dem sogenannten *Haka*, auf Abstand. Mit weit aufgerissenen, diabolisch verdrehten Augen und ausgestreckter Zunge traten sie den Neuankömmlingen entgegen. Es wird immer wieder erzählt, dass Feinde der Maori manchmal nach der Gefangennahme geköpft, ihre Augen gegessen und der abgehackte Kopf im Dorf zur Schau gestellt wurden. Kannibalismus war offenbar weit verbreitet.

Im 18. und 19. Jahrhundert wanderten immer mehr Europäer, vor allem Briten, in Neuseeland ein. Einzelne *Iwi*, wie die Stämme der Maori genannt werden, wehrten sich lange gegen die Kolonisierung, und es kam zu zahlreichen Kämpfen. Im 19. Jahrhundert gelang es der britischen Krone, den Franzosen zuvorzukommen und Neuseeland als britische Kolonie zu annektieren – und hier nimmt das moderne Neuseeland seinen Ausgang.

Um die Kämpfe zu beenden und ein friedliches Zusammenleben zu sichern, schlossen die Kolonialherren mit den Maorihäuptlingen den *Treaty of Waitangi*, benannt nach einer Stadt im Norden Neuseelands. Mit der Unterzeichnung des Vertrags im Jahr 1850 wurden die Stammesfürsten der Maori zu britischen Bürgern und verloren damit ihre Souveränität. Sie gewährten den Briten den Kauf von Ländereien, erhielten im Gegenzug aber Schutz, Freiraum für ihre Interessen und alle Rechte und Privilegien der britischen Staatsbürgerschaft.

Englisch wurde offizielle Amtssprache, viele Traditionen und die eigene, nur mündlich überlieferte Sprache wurden zurückgedrängt und verloren für die nachfolgenden Generationen zusehends an Bedeutung. Immer weniger Maori erlernten alte Kunsthandwerke, und auch das Wissen um heilende Kräuter ging zu großen Teilen verloren.

Heute sind lediglich 14 Prozent der Bevölkerung Neuseelands Maori, wobei sich nur die wenigsten Vollblut-Maori nennen können. Bereits unmittelbar nach dem Eintreffen der weißen Siedler kam es zu Eheschließungen zwischen Europäern und Polynesiern.

Doch die Maorikultur spielt seit einigen Jahrzehnten wieder eine weitaus größere Rolle. So setzen die Maori wieder stärker auf das Wiedererlernen und den Erhalt ihrer Sprache: Maori ist als offizielle Landessprache anerkannt und fester Bestandteil in Radio- und Fernsehprogrammen. Viele Maoribegriffe finden ihre Erklärung in Mythen und haben für die Ureinwohner eine wichtige Bedeutung. So trägt beispielsweise ein 305 Meter hoher Hügel in der *Hawkes Bay* im Osten der Nordinsel den für einen Berg längsten Namen der Welt: *Taumatawhakatangihangakoauauotamateapokai-whenuakitanatahu*. Das bedeutet übersetzt so viel wie: „Der Platz, an dem Tamatea, der Mann mit den großen Knien, Berge glättete, erklomm und verschluckte, bekannt als der Landesser, der für seine Geliebte Flöte spielte."

Doch nicht nur für die Maori selbst, sondern auch für die *Pakea*, die „Weißen", spielt die Kultur der Ureinwohner wieder eine größere Rolle. Heute werden alle Rugbyspiele der Nationalmannschaft *All Blacks* mit einem *Haka* eröffnet. Jeder Junge lernt den Kriegstanz bereits im Kindergarten oder in der Grundschule; Holzschnitzereien, Schmuck und Textilien im Maoridesign sind sehr begehrt.

Bis heute beruhen viele Gesetze auf dem *Treaty of Waitangi*. Doch da es zwei Versionen des Vertrags gibt, eine auf Maori und eine auf Englisch, sind manche Formulierungen bis dato umstritten. Es ist oft nur Auslegungssache, ob Landkäufe oder Landkonfiszierungen rechtens waren oder nicht. Seit Mitte des 20. Jahrhunderts beziehen sich Maori deshalb immer öfter auf den Wortlaut des Vertrags und artikulieren selbstbewusst ihre Forderungen. 1975 wurde das Waitangi-Tribunal eingerichtet. Die Untersuchungskommission soll Grundbesitz-Forderungen und Nutzung natürlicher Ressourcen, wie beispielsweise Fischereigründe, kontrollieren. Von diesem Zeitpunkt an wurden immer wieder neue Verfahren aufgerollt und es kam zu einer Flut von Wiedergutmachungsprozessen. So erhielt unter anderem der *Tainui Tribe* für eine illegale Landenteignung vor 125 Jahren eine Entschädigung von 170 Millionen Neuseelanddollar sowie Landrückgaben aus Staatsbesitz.

Anahera ist unsere erste Maoribekanntschaft, und wir sind gespannt, was uns erwartet.

Sie wohnt in einem zitronengelben, älteren Haus im Stadtteil *Newton*, einer sozial eher schwachen Gegend in der Nähe des *Wellington Zoos*. Wie viele Maorifamilien ist auch ihre sehr kinderreich.

Über einen kleinen steilen Pfad gelangen wir zum Eingang und klopfen, bewaffnet mit einer Tüte Chips und Bier, an der Haustür. Es ist in Neuseeland Sitte, zu Einladungen immer etwas zu essen und zu trinken mitzubringen. „*Hi, my auntie is coming in a sec. I'm Lani, that means flower*", verkündet uns das etwa zehnjährige Mädchen mit den großen dunklen Kulleraugen und den langen pechschwarzen Haaren stolz. Lani führt uns in ein großes Wohnzimmer mit Küche, an das vier kleinere Schlafzimmer grenzen. Haus und Einrichtung wirken bescheiden, aber in den Wohnräumen herrscht jede Menge Leben, überall sind Menschen. Schon auf den ersten Blick zählen wir ungefähr neun Leute – Kinder, Geschwister, Eltern, Großeltern. Alle nicken uns freundlich zu. *„Hey, kia ora. How are you going, mate?“* Ein Jugendlicher liegt auf dem Boden vor dem Fernseher im Schlafsack, ein anderer macht uns auf der Couch Platz. Aus einem der Zimmer dringt Kindergeschrei, eine Frau erwidert etwas auf Maori. Dann folgt ein Gesang wie aus der Südsee.

„Hey guys. Welcome. Ich musste noch schnell die Kinder ins Bett bringen.“ Ana kommt in den Raum. Bis auf zwei Frauen ziehen sich nach und nach alle in ihre Zimmer zurück. „Das sind meine Cousine Marika und meine Schwester Pania.“ Die beiden begrüßen uns höflich mit einem *Hongi*, dem traditionellen Maori-Gruß. Statt sich die Hände zu schütteln, führen sie ihre Nasen an unsere, bis sie sich berühren. Ich bin etwas irritiert, versuche meine Verlegenheit zu überspielen.

„Sorry, es herrscht ein bisschen Chaos hier“, entschuldigt sich Ana und räumt hastig ein paar Zeitschriften zusammen, die auf dem Boden liegen. „Das ist mein Reich.“ Vorsichtig öffnet Ana die Tür zu ihrem Raum einen Spalt, um ihre Tochter nicht zu wecken. „Hier lebe ich mit meinem Mann und unseren zwei Kindern.“ Ihr *Reich* ist nicht gößer als 16 Quadratmeer, beherbergt aber ein Doppelbett, einen kleinen wackeligen Wohnzimmertisch, ein Babybett und einen Fernseher. Wäscheberge stapeln sich auf einem alten Holzstuhl.

„Wie viele Verwandte wohnen denn hier mit euch zusammen?“, frage ich.

Ana sieht ihre Schwester an, beide überlegen und diskutieren dann auf Maori. „Ich glaube, 13 oder 14 Personen leben permanent hier.“ Sie lacht. „Das muss für euch ganz merkwürdig sein, oder?" Wir nicken etwas verlegen. „Bei uns gibt es gar keine so großen Familien mehr", erklärt Gunnar. „Viele Paare haben gar keine Kinder oder nur eins. Verwandte gibt es zwar, aber selten wohnen sie alle unter einem Dach", füge ich hinzu. Ana und ihre Schwester hören gespannt zu.

Mit einem kühlen Bier in der Hand setzen wir uns gemeinsam ins Wohnzimmer. Einen festen Job im Haus hat nur Ana. „*My hubby stays home, looks after the kids. We Maori share home and money*. Jeder hilft jedem, das ist bei uns so Tradition."

Bei Bier und Chips wird der Abend immer entspannter. Ana und Pania sind interessante und neugierige Gesprächspartner, stellen uns viele Fragen über unsere Gesellschaft, unsere Religion und Kultur in Deutschland. „Es gibt Schlösser und Burgen, die sind viele hundert Jahre alt", erzählt Gunnar. „Das kann man sich gar nicht vorstellen. Unsere und die neuseeländische Geschichte gehen eigentlich nur 150 Jahre zurück. Auf Stein zu stehen, der schon Jahrhunderte gesehen hat – das muss faszinierend sein!" Die beiden sind von der Vorstellung sichtlich begeistert. „Wir Maori werden zwar immer als Ureinwohner bezeichnet, genau genommen kamen wir aber erst vor etwa 1.000 Jahren von den polynesischen Inseln nach Neuseeland. In den Überlieferungen steht, dass ein Mann namens Kupe und sein Gefährte Ngahue mit Kanus losfuhren, um zu sehen, was hinter dem Horizont ist. So haben es meine Großeltern an meine Eltern und meine Eltern an mich weitergegeben." Sie macht eine kurze Pause und denkt angestrengt nach. „Als sie Neuseeland erreichten, sahen sie eine lange weiße Wolke über dem Land und riefen ‚*He Aotearoa!*', das bedeutet ‚Eine lange weiße Wolke!'. So bekam Neuseeland den Namen *Aotearoa*." Pania ergreift das Wort und erzählt die Geschichte weiter: „Kupe und Ngahue jagten den heute ausgestorbenen Riesenvogel *Moa,* schnitzen *greenstone,* grüne Jade, und kehrten mit ihren Schätzen zurück nach *Hawaiki.* Als dort Krieg ausbrach, beschlossen zahlreiche Polynesier nach *Aotearoa* zu fliehen. Und so begann die Besiedlung." – „Natürlich ist das ein Mythos", erklärt Ana. „Inzwischen gibt es jedoch Wissenschaftler, die diese Geschichte anhand archäologischer Funde bestätigen. Das habe ich erst neulich gelesen", weiß ihre Schwester. Wir erfahren, dass viele Mythen zwar heute im Alltag keine große Rolle mehr spielen, aber dennoch weitergegeben werden, um Kultur und Tradition zu wahren.

„Vor einem Jahr ist unser Großvater gestorben. Wir glauben, dass die Seelen, die *Wairua,* nach dem Tod zurück nach *Hawaiki* fliegen. Deshalb feiern wir ein großes Fest, wenn ein enger Verwandter stirbt: Dann trennt sich die Seele vom Körper; der Geist des Verstorbenen, so glauben wir, fliegt nach *Te Reinga,* ein kleines Örtchen im Norden, und von dort aus zu unseren Vorfahren nach *Hawaiki.*"

Ich muss unweigerlich an Beerdigungen in Deutschland denken. Mir gefällt die Vorstellung der Maorizeremonie: keine traurige und ruhige Bestattung sondern ein spirituelles Fest. Gespannt lausche ich den Schilderungen der beiden. „*Wairua* ist für uns Maori von großer Bedeutung." Pania nickt ihrer Schwester zustimmend zu. „In Träumen beispielsweise kann die Seele unseren Körper kurzzeitig verlassen, uns an fremde Orte führen oder vor Bösem warnen." – „Das ist wirklich faszinierend! Wie schafft ihr es nur, euren Glauben und eure Traditionen in der heutigen Zeit zu leben?", frage ich. Ich stelle mir das schwierig vor.

„Unter der Woche gehe ich wie jeder andere zur Arbeit, aber an den Wochenenden kommt oft die ganze Familie zusammen und wir pflegen unsere Traditionen. Wir machen Ausflüge, gehen *crayfish* fangen oder tauchen nach Muscheln und grillen dann alle zusammen. Unsere traditionellen Feste feiern wir in den *Marae*, unseren Versammlungshäusern. Du hast sie bestimmt schon gesehen, große flache Häuser mit typischen Maorischnitzereien an den Eingängen. Es gibt sie überall – auch hier in Wellington."

Wir verabschieden uns erst nach Mitternacht von den beiden. „Ich werde alles versuchen, damit du den Job bekommst", verspricht Ana und drückt Gunnar zum Abschied. „Aber wenn ihr in Neuseeland bleiben könnt, müsst ihr mir noch mehr von Deutschland erzählen, versprochen?"

Bei meiner täglichen Runde zum Briefkasten entdecke ich neben Post, den Werbeprospekten und der Zeitung für Ken und Chris tatsächlich auch einen Umschlag, der an mich adressiert ist. Meist bekommen wir von Freunden und unserer Familie aus Deutschland nur E-Mails, ein Brief ist etwas Besonderes. Ich versuche den Stempel auf dem Umschlag zu entziffern: *Victoria University*. „Oh, das ist bestimmt das Ergebnis meines Englischtests." Wie eine explosive Fracht trage ich den Brief vorsichtig in die Küche und lege ihn behutsam auf die Arbeitsplatte. Fünf Minuten vergehen. Ich bin so nervös, dass ich mich gar nicht traue, den Umschlag zu öffnen. „Wenn ich versagt habe, kann ich den Test nach zwei Monaten wiederholen," rede ich mir ein und versuche mich zu entspannen. Allerdings würde das unseren Antrag auf *residency*, die Aufenthaltsgenehmigung in Neuseeland, unnötig verzögern.

Gunnar kommt in die Küche und strahlt: „Morgen Mittag habe ich noch ein Gespräch mit dem Redaktionsleiter des Senders!" Er wirft sein Handy mit Schwung auf die Küchentheke. „Ana hat vor zehn Minuten angerufen und gemeint, es gäbe Neuigkeiten, ich solle mich mal melden." Das klingt gut. Bekäme Gunnar die Stelle, wäre das wirklich ein Volltreffer. Alle sonstigen Vorstellungsgespräche und Anrufe bei Produktionsfirmen waren bislang erfolglos.

Gunnar sieht mich an. „Was ist denn mit dir los?" Ich deute stumm auf den Umschlag. Er folgt meinem Zeigefinger wie in Zeitlupe, grinst dann und reißt den Umschlag auf. „Hey, gib ihn her!" Doch Gunnar rennt schon mit dem Brief unterm Arm ins Wohnzimmer. Wir jagen uns eine Runde um den Tisch, dann fischt Gunnar den Bogen mit den Prüfungsergebnissen aus dem Umschlag: *„Overall Band Score,* Gesamtnote: *7,5."* – *„Yeah!"* Ich reiße übertrieben wie ein Olympiamedaillengewinner die Arme in die Luft. „Wie bitte? Ich hatte nur 6,5. Die müssen sich vertan haben." Gunnar gibt mir lachend einen Kuss.

Nur einen Tag später hat Gunnar sein Gespräch mit Ana und dem Redaktionsleiter. Ich warte vor dem Gebäude, bin unheimlich nervös. Als irgendwann die Glastüre aufgeht, laufe ich ihm eilig entgegen. Irgendwie sieht er ernst aus. Moment. Da huscht doch ein leichtes Grinsen über sein Gesicht. Ich kenne ihn, er will mich ärgern. „Und, wie war's?", frage ich vorsichtig. Seine Mimik spricht Bände. Es herrscht einen Moment Totenstille, dann lacht er. „Es hat geklappt!" Er umarmt mich stürmisch und wirbelt mich einmal im Kreis herum. Ein Job, mein bestandener Englischtest und den Rest der Papiere haben wir bereits zusammen. Das waren die letzten Puzzelsteine. Wir sind drin. So gut wie.

„Es gibt da nur einen kleinen Haken. Wir müssen nach Auckland." – „Wie bitte, nach Auckland?", frage ich entgeistert. „Die *breakfast show,* für die sie mich einstellen wollten, ist erst einmal auf Eis gelegt. Und hier in Wellington gibt es momentan keinen freien Job. Dafür ist in der Nachrichtenredaktion in Auckland eine Stelle zu besetzen." Ich weiß erst gar nicht, was ich sagen soll. Vor einer Minute sah ich mich schon mit unseren neuen Bekannten ein Einweihungsfest feiern und jetzt sollen wir weg – weg aus Wellington? Eigentlich sollte ich mich über die gute Nachricht freuen. „Also. Wir haben's geschafft – das heißt, du hast es geschafft", versuche ich uns beiden Mut zuzusprechen. „Millionenmetropole und tägliches Verkehrschaos hin oder her, wir sind in Neuseeland!" Gunnar scheint es genauso zu sehen. „Und außerdem ist es in Auckland immer ein paar Grad wärmer, du Frostbeule", erwidert er lachend. „Und Karen und Toby wohnen auch da. Das ist doch für den Anfang gar nicht so schlecht!"

Nur wenige Tage später verfrachten wir unsere drei Koffer und die Kinder ins Auto. *„Bye – thanks for all your support!"* Ich habe Tränen in den Augen, als ich Chris umarme. Auch Gunnar drückt Ken und Chris. Die beiden sind uns in der kurzen Zeit sehr ans Herz gewachsen, fast wie richtige Eltern. *„If you have any problems, give us a ring. We're still your kiwi parents."* Ken nickt uns aufmunternd zu, als er die Autotür zuwirft. Winkend fahren wir die Straße hinunter. Als wir um die Ecke biegen, sind Ken und Chris aus unserem Blickfeld verschwunden. Zurück bleiben zwei ereignisreiche Monate in Wellington, doch die Neugier auf das, was uns in Auckland erwartet, wächst.

Mai –
Haussuche auf Neuseeländisch

Es ist düster, um nicht zu sagen dunkel. Die ganze Bude riecht muffig, wie eine Mischung aus Schimmel, schlechter Luft und öffentlicher Toilette. Von der Wand hängen einzelne Tapetenfetzen, als hätte eine Katze dort ihre Krallen gewetzt. Sogar die vergilbten orangebraunen Vorhänge sind verlöchert und hängen nur noch halb an der Stange. „Wo sind wir da nur gelandet?", frage ich mich. Ungläubig drehe ich die Zeitung in der Hand und lese noch einmal die Anzeige: *„Helle, geräumige 2-Zimmerwohnung in Three Kings, voll möbliert, große gemütliche Essküche aus Holz, Bad mit Wanne, separate Waschküche, Garten, Stellplatz, 320 $ pro Woche.“* Das klingt eigentlich ganz vielversprechend. Doch die Realität sieht anders aus.

Wer beim Stadtteil *Three Kings* an die Heiligen Drei Könige denkt, liegt völlig falsch. Das Reihenappartement ist alles andere als königlich – eher eine Katastrophe. Die Eingangstür führt direkt ins Wohnzimmer. Bunt zusammengewürfelt stehen gelbe, grüne und braune Sessel verschiedenen Dekors herum, wobei unterschiedlicher Stil und Farbe eigentlich gar nicht stören, weil man die Farben vor lauter Schmutz sowieso kaum erkennt. Die aufgetakelte Besitzerin trägt enge Jeans, Stöckelschuhe und einen roten Pullover über einer weißen Hemdbluse. Ihre ausladende orangefarbene Perlenkette erinnert mich an eine Bojenleine. Während sie uns von oben bis unten begutachtet, fallen ihr immer wieder Strähnen ihrer rotbraunen, hochgesteckten Haare ins Gesicht. „Seht euch einfach selbst um und gebt mir dann Bescheid." Ich nicke. Zuerst gehen wir ins Schlafzimmer, wo der indische Vormieter gerade seine letzten Habseligkeiten in Supermarkttüten packt und uns freundlich zunickt. *„Very good place!"* Er grinst bis über beide Ohren und streckt seinen Daumen nach oben. „Wer hat den denn bezahlt?", flüstere ich Gunnar leise zu. Dann zieht der Inder das Laken vom Bett und gibt so den Blick auf eine quer aufgeschnittene Matratze frei. „Hier scheint wohl irgendjemand nach verschollenen Banknoten gesucht zu haben", sage ich zu Gunnar gewandt. Auch die Essküche wirkt eher abstoßend als wohnlich, das winzige Fenster mit schiefem Rahmen ist so von Spinnweben verdeckt, dass überhaupt kein Licht mehr hereinscheint. „Zumindest die possierlichen Achtbeiner fühlen sich hier wohl." Gunnar zeigt auf eine fette schwarze Spinne; dann versucht er, eine der Schubladen der selbst konstruierten, pink bemalten Holzküche zu öffnen – sie klemmt. Auch die zweite Schublade gibt trotz Rütteln und Ruckeln nicht nach. Wir müssen lachen. „Da haben sie bestimmt die versteckte Kamera drin. Das ist doch alles ein schlechter Scherz, oder?" Gunnar gibt seine Bemühungen auf, öffnet eine der Türen des Küchenschranks – ächzend und quietschend gibt sie schließlich nach. Das Innere ist mit altem Geschenkpapier ausgelegt und mit einem dicken Schmierfilm bedeckt.

Wir haben genug gesehen. Ich ziehe Gunnar am Ärmel und gehe Richtung Ausgang, während ständig neue Leute zur Haustür hereinströmen. Alle scheinen großes Interesse an dieser „lichten Traumwohnung" zu haben. *„Sorry, the unit is a bit too small for us"*, murmelt Gunnar der stolzen Besitzerin noch zu und stolpert mir hinterher. Jetzt muss ich erst einmal ganz tief Luft holen. „Das glaube ich nicht! Wer mietet denn so ein Loch für über

700 Euro im Monat?", pruste ich los, als wir um die Ecke sind. Kopfschüttelnd eilen wir zum Auto.

Leider ist das nicht der einzige Reinfall in punkto Wohnungssuche. Bei jeder der fünf Wohnungsbesichtigungen fanden wir bisher nichts als Bruchbuden. Und unsere favorisierten möblierten Mietobjekte sind die schlimmsten.

Es ist bereits 16 Uhr. Unser letzter Termin für den heutigen Samstag ist ein *open home*, eine offene Besichtigung für alle interessierten Mietanwärter. *„Schöne moderne 2-Zimmerwohnung in Mount Eden, Küche und Bad renoviert, kleiner Garten, whiteware included"*, was soviel bedeutet wie Waschmaschine, Herd, Kühl- und Gefrierschrank inklusive. Allerdings ist die Wohnung unmöbliert.

Als wir ankommen und uns in die Schlange der wartenden Mietinteressenten einreihen, stehen bereits um die zwanzig Leute vor der steinernen Mauer zum Gartentor. *Mount Eden* wäre nahe an Gunnars neuer Arbeit. „Da könntest du sogar mit dem Fahrrad fahren!", versuche ich die Situation beim Anstehen schönzureden.

Ein schlanker Mittdreißiger mit schwarzem Rolli, Designerjeans und gegeelten Haaren steht mit einem Klemmbrett und einer Liste am Tor und heißt alle Interessierten willkommen: *„Come in and have a look around!"* Über eine kleine Rasenfläche laufen wir zum *deck*, der Terrasse, die wie fast überall in Neuseeland, mit Holzpaneelen ausgelegt ist. Es ist immer noch lau und sonnig. Durch die offenen Schiebetüren kommt uns ein Mann mit einer Mikrowelle unter dem Arm entgegen. Wir quetschen uns hinter ihm ins Wohnzimmer. Die Terrassentür ist gleichzeitig die Eingangstür, wie bei siebzig Prozent aller Häuser hier. „Das ist ja ausgesprochen unpraktisch. Wenn es mal regnet, versaut man sich gleich den ganzen Teppich." Ich bin richtig schlecht gelaunt. Angegliedert und nur durch die Anrichte vom Wohnraum abgetrennt ist eine offene moderne Küche. 2-Zimmerwohnung heißt in Neuseeland auch stets zwei Schlafzimmer. Der Wohnraum wird nicht mitgezählt. Die *bedrooms* sind zwar nicht groß, wären aber für die nächsten Monate erst einmal ausreichend. Alle Räume sind von großen Fensterfronten gesäumt und geben den Blick frei auf einen schönen Garten mit großen Laubbäumen. Das Bad ist moderner als alles, was ich auf unserer Hausbesichtigungstour bislang gesehen habe – inklusive Wanne mit Duschkopf zum abnehmen. Auch das Waschbecken ist modern – zwar aus Plastik, aber mit Mischbatterie. Typisch sind hier, wie in England, zwei Wasserhähne, einer für kaltes und einer für warmes Wasser. Das Problem: Man verbrüht sich oder die Hände werden eiskalt.

Als wir zurück ins Wohnzimmer kommen, sehen wir eine Frau, die gerade mit einem Fernseher unterm Arm das Haus verlässt. Erst jetzt bemerke ich, dass auf jedem Möbelstück, auf allen Küchenutensilien, die auf dem Boden ausgebreitet sind, auf dem Computer, dem Videorekorder, dem Wasserkocher und anderen Haushaltsgeräten kleine Zettel mit Preisen kleben. *„What's that all about?"*, frage ich die junge Frau, die auf dem Sofa sitzt und liest. „Wir sind vor drei Jahren mit je einem Koffer aus England gekommen und wollen jetzt wieder zurück", erklärt Tom, ihr Partner, von der blauen Cordcouch gegenüber. Ann sieht von ihrem Buch auf: „Bis Ostern müssen wir alles loswerden." – „Das trifft sich ja hervorragend, wir sind gerade erst hier angekommen und brauchen praktisch alles." – „Oh, die Mikrowelle und der Fernseher sind leider schon weg", sagt der blonde Dreißiger mit den Kräuselhaaren lachend. „Und was ist mit dem Bett?", frage ich. – „Auch schon verkauft, aber die klappbaren Nachttischchen könnt ihr noch haben."

Wir gucken uns alle Sachen an: Töpfe, Staubsauger, Bügelbrett und Bücher. *„Hey guys, come again tomorrow and we sort things out!"* – „Und wenn bis dahin nichts mehr da ist?" Die letzten Interessenten schieben sich zurück nach draußen. – „Ich glaube, das war's jetzt sowieso. Die Besichtigungsstunde ist vorbei und vor morgen kommt keiner mehr. *No panic!*" Wir vereinbaren mit den beiden einen Termin für Sonntag und verabschieden uns.

„Die Wohnung ist schön, und wenn wir die Möbel einfach stehen lassen könnten, dann wäre doch allen geholfen!" Wir sind Feuer und Flamme. Auf dem Weg nach draußen trägt uns Gunnar als Letzte in die Bewerberliste ein. „Wir sind auf Platz 21. Na prima. Da haben wir endlich die perfekten vier Wände gefunden und müssen uns mit zwanzig anderen Bewerbern darum streiten", nörgle ich. „Wir sind wirklich sehr an dem Häuschen interessiert", betont Gunnar noch, bevor wir den Vermieter persönlich verabschieden und geknickt von dannen ziehen.

Beim Frühstück drehen und wenden wir die Zeitung noch zweimal und gehen jede angestrichene Annonce und alle Hausbesichtigungen im Kopf noch einmal durch. Dabei stolpern wir über eine Anzeige eines kleinen Hauses im Stadtteil *Mount Albert*. Gestern konnten wir unter der angegebenen Nummer niemanden erreichen. „Wo ist das noch mal?" In unserem schon leicht ausgefransten und völlig zerknickten Stadtplan finden wir *Mount Albert* angrenzend an *Mount Eden* stadtauswärts. Gar keine schlechte Lage. Kurzerhand ruft Gunnar die Nummer noch einmal an. „Hallo, wir haben die Anzeige gelesen. *Is the house still available?*" Grant, der *landlord*, erklärt, dass er und seine Frau Liz sowieso gerade im Haus renovieren, ob wir nicht einfach spontan vorbeikommen wollen. „Auf jeden Fall läuft die Vermietung nicht über einen Makler, so könnten wir uns wenigstens die *letting fee*, die Vermittlungsprovision sparen." Gunnar ist zuversichtlich. Keine dreißig Minuten später stehen wir im Regen vor dem gepflegten Holzhaus. Es liegt von der Straße zurückgesetzt in einer Art Hinterhof. Ein Carport und ein separater Stellplatz gehören mit zum Mietobjekt. *„Nice, tidy, renovated three-bedroom-house, gets lots of sun, separate toilet, fully fenced garden with shed, 390 per week."* Die Gartentür steht offen. Grant und Liz, beide Mitte Vierzig, begrüßen uns und bitten uns herein.

Es riecht frisch gestrichen und durch zwei weite weiße Flügeltüren gelangen wir ins riesige Wohnzimmer, das direkt in den Essbereich übergeht. Gleich um die Ecke liegt die Küche. Weiße Einbauschränke mit Chromgriffen an den Türen blitzen uns entgegen. „Nicht pink gestrichen, sondern richtig modern", flüstere ich Gunnar auf Deutsch zu. Liz steht auf einer Trittleiter und putzt gerade oben auf den Küchenhochschränken. „Hier hat wohl schon lange keiner mehr sauber gemacht", stellt sie laut fest. Drei Schlafzimmer, ein Bad, das WC. Hinter einer weiteren Tür verbergen sich der Warmwasserboiler und jede Menge *storage*, Stauraum. Der ist im Land der Kiwis sehr rar, da es oft keine richtigen Garagen, kaum Dachböden und keine Keller gibt.

Überall liegen braun marmorierte neue Teppichböden und in allen Räumen befinden sich große Einbauschränke. Das ganze Haus scheint hell, obwohl heute ein trister Tag ist. Mein Bauchgefühl sagt mir sofort: Ja. Das ist es. Die Vermieter sind nett, das Haus ist frisch renoviert, alles passt. Gunnars Favorit ist allerdings immer noch die Wohnung in *Mount Eden*. *„Many thanks. We really like it"*, bedanken wir uns nach unserem Rundgang. *„Can we get back to you this afternoon?" – „No problem. We're around."* – „Das ist doch noch viel besser, größer und heller als die andere Wohnung. Und dazu noch zehn Dollar billiger pro Woche", versuche ich Gunnar zu überzeugen, als wir zur Tür raus sind. Er zögert noch immer.

Um zehn Uhr sind wir mit den beiden Engländern Ann und Tom zum Möbelshopping verabredet. Es gießt immer noch wie aus Kübeln. *„Hey guys, made up your mind? What do you need?"* – *„Everything*. Wir haben zwar noch kein Haus, aber wenn, dann wäre es leer." Allgemeines Gelächter. „Hat sich unser Vermieter bei euch gemeldet?", fragt Tom neugierig. „Nein, leider nicht."

Videos, Besteck, eine Trittleiter, ein Computertisch mit Stuhl und PC, Stifte, Heizkörper, Bettdecken, Handtücher, ein Staubsauger, Töpfe und Pfannen, ein Tischventilator – überall liegen und stehen Dinge herum; ich komme mir vor wie beim Räumungsverkauf. Was sollen wir nur nehmen? Was brauchen wir wirklich dringend? Die Waschmaschine. „Äh, die haben wir nur ausgeliehen." Mist. Wie soll ich nur die ganzen dreckigen Babyklamotten sauber kriegen? Wir sehen uns das gesamte Inventar an. „Kann ich mich mal an den Schreibtisch setzen?", fragt Gunnar vorsichtig. „Sicher, die Bettkäufer haben vorher auch erst einmal Probe gelegen", antwortet Tom. Wie ein Verkäufer schiebt er den Stuhl elegant zur Seite. *„Take a seat and make yourself comfy"*, bittet er Gunnar mit einer Handbewegung.

Nach zwanzig Minuten Herumstöbern sind wir uns einig: „Wir nehmen die beiden blauen Cordsofas ..." – „Der Holztisch und die Kissen sind inklusive", wirft Tom gleich grinsend ein. „... dann den Staubsauger, die beiden Heizkörper für die Steckdose ..." – Ann schreibt akkurat alles auf einem großen Zettel mit – „... den großen weißen Standventilator für heiße Sommertage, das Bügeleisen mit dem Mini-Bügelbrett, zwei Plastikwäschekörbe mit Deckel, zwei Wäscheständer und Klammern, die beiden klappbaren Holznachttischchen, das aufblasbare Doppelgästebett, den Computertisch mit Stuhl und PC und die gesamte Küchenausstattung."

„O.k. – ich rechne mal kurz durch und dann machen wir euch einen fairen Komplettpreis. Wir hätten nur gerne eine kleine Anzahlung, den Rest könnt ihr uns geben, wenn ihr die Sachen abholt", meint Ann.

Wir sehen uns inzwischen noch einmal die 2-Zimmerwohnung an. Die Küche ist wirklich einmalig. Aber plötzlich habe ich irgendwie einen Kloß im Hals. Mir fällt das Atmen schwer, ich muss husten, spüre ein leichtes Kratzen und Jucken im Hals. Moment. Ist das mein Asthma? Bisher habe ich durch die salzige Meerluft hier nie Probleme gehabt. „Die Bude riecht doch ein bisschen muffig, oder", flüstert mir Gunnar zu. „Hm." Wir schlendern noch mal unauffällig durch alle Zimmer. Im Bad dann das böse Erwachen – Schimmel. An den Wänden, am Wannenrand, am Fenster und vor allem an der Decke sind große schwarze Flecken. Es ist mittlerweile Viertel vor elf. Wir sind erst 45 Minuten in der Wohnung, und ich habe schon das Gefühl zu ersticken. Meine Kehle wird immer enger, die Augen tränen – wirklich unangenehm. „Sag mal, habt ihr vielleicht ein Schimmelproblem hier?", fragt Gunnar beiläufig. „Ach ja", meint Tom, „das ist ein allgemeines Auckland-Debakel, weil es hier so feucht ist. Ab und zu wischen wir die schwarzen Flecken mit Lappen von der Decke. Danach geht es wieder." Ich glaube, ich spinne. „Wie? Ihr wischt den Schimmel von der Decke?" – „Ja, wichtig ist nur, dass ihr die Lappen danach gut wascht oder wegwerft." Ich pruste fast los. Nichts wie raus hier! Erstaunlich, gestern bei Sonnenschein und offenen Türen und Fenstern haben wir gar nichts gemerkt. „Hast du diesen Schnupfen schon länger?", fragt Gunnar scheinheilig. „Ja, schon seit ein paar Monaten. Ich werde ihn irgendwie nicht los." Tom putzt sich die Nase. Na, kein Wunder! Die Wohnung würde mich umbringen.

„Alle Sachen zusammen wären so ungefähr 680 $", unterbricht uns Ann. „Sagen wir also 650? Das ist rund", meint sie fragend an Tom gewandt. „Einverstanden", brummt der zufrieden. Wir zahlen fünfzig Dollar an und machen uns dann so schnell wie möglich aus dem Staub. *„See ya guys! Let's keep in touch!"*

Nach kurzem Nachdenken wird klar: Das Haus in *Mount Albert* ist jetzt unsere einzige Option. Hoffentlich ist es noch nicht vergeben. „Ruf Grant gleich noch mal an!"

Nervös sitze ich neben Gunnar auf dem Beifahrersitz. Die Regentropfen prasseln lautstark auf die Windschutzscheibe und ich kann dem Telefonat kaum folgen.

Der Schlüsselbund klimpert in meiner Hand, als ich die Tür zu unserem ersten eigenen Mietshaus am anderen Ende der Welt öffne. Vor zwei Tagen haben wir mit Grant und Liz den Mietvertrag unterschrieben. Der Bodenleger kam am Montag. Und jetzt ist sie fertig, unsere Bude. So schnell geht das Einziehen wirklich nur in Neuseeland. *„Available now"*, steht bei 99 Prozent aller Anzeigen. Im Land der langen weißen Wolke wechselt man sein Haus eben einfach wie ein Auto – schnell und unkompliziert.

Wir können unser Glück nicht fassen. Bei all dem Stress der letzten Tage schien es erst unmöglich, eine Lösung zu finden. *„She'll be right"*, sagen die Kiwis immer gelassen. Und sie behielten einmal mehr recht.

Die Hausübergabe mit unserem Vermieter Grant, ein wirklich unglaublich netter Kiwi, ging binnen weniger Minuten über die Bühne. So haben wir schließlich doch noch unsere Traumbleibe gefunden. Durch die großen Wohnzimmerfenster unseres schnuckeligen Holzhauses scheint die Abendsonne, die Wände sind cremegelb, der

Boden holzfarben. Mein Bauchgefühl hat mich also nicht in die Irre geführt. Das Haus mit Garten ist jetzt unser neues Zuhause. Das einzige Problem: Es ist noch ausgesprochen leer.

„Soll ich euch beim Einzug helfen?“, hat Grant uns gerade bei der Schlüsselübergabe angeboten. Wir haben dankend abgelehnt und das um die Ecke geparkte Auto erst geholt, als er weggefahren war. Zum Glück kann er uns nicht sehen, denn unser ganzes Hab und Gut besteht aus einem rot-weißen Billigsonnenschirm vom Wühltisch, einem Boogieboard mit Maori-Ornamenten, einer alten Schaumgummimatratze für die Kinder und drei Koffern voller Sommerklamotten – mitten im Herbst. Das wird ein schneller Einzug, soviel ist jetzt schon sicher. „Weißt du Schatz, in Anbetracht der Lage sparen wir uns die Möbelpacker. Ist das o.k. für dich?“ Gunnar ist sichtlich gut gelaunt. Nur wenige Minuten später ist der große Umzug vollzogen. Ich klappe die Koffer mitten im leeren Schlafzimmer auf und lege dann zuerst Mia und Amy in ihren Schlafsäcken auf die alte Schaumgummimatratze. „Worauf schlafen wir eigentlich heute Nacht?“, frage ich mich plötzlich, und Gunnar sieht mich ratlos an. „Wir haben ja nicht einmal Decken.“ Spontan rufen wir noch einmal bei Ann und Tom an. „Sagt mal, braucht ihr eigentlich eure aufblasbare Matratze noch?“ Kurzerhand steigt Gunnar ins Auto und fährt noch einmal in die schimmlige *unit*.

Nur zwanzig Minuten später ist er wieder da und holt jede Menge Kleinteile aus dem Kofferraum: das aufblasbare blaue Gästebett, eine große Doppelhubpumpe und zwei Bettdecken. „Wow, was für ein Luxus!“ Sofort mache ich mich daran, unser Lager einzurichten, und nur zehn Minuten später sieht das Schlafzimmer schon viel wohnlicher aus. Gunnar kommt mit einer winzigen Nachttischlampe und dem riesigen Plastikwäschekorb unter dem anderen Arm zur Tür herein. Wir lachen. „Ohne die können wir natürlich nicht auskommen. Jetzt haben wir schon ein fast perfektes Schlafzimmer!"

In der Küche stehen inzwischen lauter Kisten voller Küchenutensilien und Geschirr. „Ann, Tom und ich haben einfach alles 50:50 aufgeteilt. Immerhin sind die beiden ja noch zwei Wochen hier und können uns nicht alles gleich mitgeben. Ach ja – und die Gästeluftmatratze bräuchten sie für die letzte Nacht vor ihrem Abflug dann auch noch mal zurück." – „Na, wenn es sonst keine Probleme gibt. Bis dahin sollten wir ein richtiges Bett gefunden haben." Gemeinsam hieven wir noch das blaue Dreiersofa ins Wohnzimmer. „Es hat gerade so in unseren Van gepasst. Den Zweisitzer haben sie noch behalten."

Wir haben wirklich ganz schön Glück, dass wir Ann und Tom gerade zu diesem Zeitpunkt getroffen haben, kommt es mir in den Sinn. „Ein wirklich perfektes Timing. Sie gehen, wir kommen!" Gunnar denkt das gleiche. „Das könnte man *furniture sharing* nennen, oder?" – „Ja, mit wildfremden Menschen." Für deutsche Ohren mag das alles ungewöhnlich klingen, aber hier, in Neuseeland, ist es die normalste Sache der Welt.

Es klopft lautstark an die Haustüre – Klingeln gibt es in Neuseeland so gut wie nie. Gunnar hat heute seinen ersten Arbeitstag, ist bereits außer Haus. Eine fremde dunkelhaarige Frau steht winkend vor der Tür. *„Hello, I'm Sun. I live next door! Just want to welcome you as my new neighbours and ask if you need anything."* Mit großen Augen sehe ich sie an. *„You want to come in for a coffee?"* Ich winke sie zur Tür herein und noch im gleichen Augenblick entdeckt sie Mia und Amy. *„Oh my God, twins.* Die sind ja so niedlich!" Vorsichtig nimmt sie Mia auf den

Arm und stupst ihr auf die Nase. „Wir sind gestern Abend erst eingezogen, kommen eigentlich aus Deutschland." – „Ich stamme ursprünglich aus Korea, bin aber nach meinem Studium vor sieben Jahren hier hängengeblieben." Sun arbeitet als Juwelierin in *Downtown* Auckland in der Shoppingmeile. Sie lacht ununterbrochen. „Ich habe gestern gar keinen Umzugswagen gesehen", wundert sich meine neue Nachbarin und blickt sich um. „Äh ja, wir sind noch nicht so richtig eingerichtet", entgegne ich etwas verlegen. Dann erzähle ich ihr von unserem gigantischen Einzug ohne Möbel. „Vielleicht könnt ihr ja ein paar von unseren Sachen gebrauchen. Ich habe ein paar Zimmer in meinem Haus vermietet. Erst vor zwei Wochen sind meine letzten beiden Mitbewohner ausgezogen und haben ihre Betten dagelassen." – „Ehrlich?" – „Es sind nicht mehr die neuesten, aber die Studentin, die nächste Woche einzieht, bringt ihre eigenen Möbel mit. Ihr könnt sie gerne leihen. Es sind allerdings zwei Einzelbetten." – „Das spielt keine Rolle. Vielen Dank!"

Als Gunnar am Abend nach Hause kommt, haben Sun und ich die beiden Betten schon über den Hof in unser Schlafzimmer geschleppt. Außerdem überlässt sie uns noch jede Menge kleinere Möbel und Accessoires: zwei grüne Korbstühle, eine beigefarbene Bücherwand in Holzdekor, dazu passend eine Kommode und drei kleine Tischchen, ein geflochtener Obstkorb, eine kleine Stereoanlage und zwei gerahmte Posterdrucke von Andy Warhol. Auf einmal sieht es bei uns richtig gemütlich aus.

Die nächsten Wochen bin ich jeden Tag auf Shoppingtour, um unseren Hausstand zu vervollständigen. Dabei hat es mir das *Warehouse* besonders angetan – eine Mischung aus Supermarkt, Ikea, Drogerie und Baumarkt.

Hier gibt es einfach alles, und das auch noch günstig. Ob uns nun ein Pfannenwender oder eine Lampe fehlen, Bettwäsche oder Kinderhosen, im *Warehouse* findet man alles.

Ich kann mich stundenlang dort aufhalten, werde bald persönlich von dem indischen Angestellten im Kassenhäuschen an der Schranke begrüßt. „Da drüben ist gerade ein Parkplatz direkt am Eingang frei geworden. Dann musst du mit den Zwillingen nicht so weit laufen!", ruft er mir durch das runde Fensterchen zu. „Ganz offensichtlich gehöre ich hier schon fast zum Inventar", denke ich. Vielleicht fragt mich die übrige Kundschaft bald, wo sie das Waschpulver oder die Hundenahrung finden.

Mit Mia und Amy im Wagen steuere ich durch die Gartenabteilung, vorbei an Farnen, Gießkannen und Rasenmähern zu den Kleinmöbeln. Korbstühle sollen dem Werbeprospekt zufolge ab heute im Angebot sein. Zwei Stühle für 25 Dollar. „Die würden wunderbar zu unserem Esstisch passen. Dann könnten wir unser Kistenlager aufheben und endlich richtig tafeln", habe ich Gunnar gestern überzeugt. Ich versuche, vier Korbstühle übereinander in meinen Wagen zu hieven. *„Mam, can I help you?"*, fragt mich ein herbeieilender Mitarbeiter. – *„Yes, indeed!"* Ich breche unter der Last fast zusammen. Vorsichtig nimmt er mir den wackelnden Stühleturm aus den Armen und balanciert ihn Richtung Kasse. „Ich deponiere die Sessel vorne, dann kannst du in Ruhe weiterschauen." Das ist Service!

Als ich kurz darauf mit meiner *Eftpos Card*, der neuseeländischen EC-Karte, bezahle, winkt die Kassenangestellte schon den nächsten Helfer heran. *„Dan, could you help this young lady with the chairs, please?"* Sofort eilt ein hagerer Jüngling in rotem *Warehouse-Outfit* herbei und gemeinsam quetschen wir die Stühle in den Toyota. Auch um den Einkaufswagen muss ich mich nicht kümmern, wie selbstverständlich bringt der Junge ihn zurück.

Die wichtigsten Möbel haben wir endlich beisammen. Abendessen an einem richtigen Tisch mit Stühlen – wir fühlen uns wie im Sechs-Sterne-Restaurant.

Juni –
Alltag in Mittelerde

Wir wohnen nun also in Auckland, der einzigen Millionenmetropole Neuseelands. So teilen wir die Stadt mit 1,3 Millionen anderen Bewohnern – Maori, Weiße, *Pacific Islander* und den Einwanderern aus Europa und Asien. Rein rechnerisch sind das 31 Prozent der Gesamtbevölkerung Neuseelands. Was die Flächenausdehnung betrifft, ist Auckland die zweitgrößte Stadt der Welt. Doch die Postkartenmotive von *Downtown* Auckland täuschen, denn dieser so typische Hochhäuserblock ist tatsächlich winzig klein. Die eigentliche Stadt besteht aus aneinandergereihten Einfamilienhäusern mit eigenem kleinem Garten.

Mit dem Auto in der *rushhour* im *Downtown District* unterwegs zu sein, ist ein Horror. Jetzt am Abend sind wir von unserem Haus in zwanzig Minuten in der Innenstadt. Auckland könnte eine beliebige Großstadt irgendwo auf der Welt sein, wäre da nicht die besondere Landschaft.

„Zwei Tickets für die Aussichtsplattform, bitte! Wir haben im Drehrestaurant einen Tisch reserviert." Der ältere Mann in Uniform druckt zwei Karten aus und reicht sie uns zusammen mit einem Infoprospekt über den Tresen. *„There you are. Enjoy your evening. The elevator is right over there."* Mit dem Aufzug fahren Gunnar und ich den *Skytower* hinauf. Der 328 Meter hohe Fernsehturm ist der höchste in der südlichen Hemisphäre, das Wahrzeichen der Stadt und der Stolz jedes Aucklanders. Neben der

Aussichtsplattform gibt es dort oben auch ein Restaurant. Und genau hier, wo man den spektakulärsten Ausblick auf *Auckland by night* hat, treffen wir uns mit Toby und Karen wieder. Wir haben das liebenswert verrückte Pärchen seit unserem Zorbing-Abenteuer in Queenstown nicht mehr gesehen und freuen uns unglaublich. „Wer hatte eigentlich die Idee, hierher zu gehen?", fragt Gunnar mich. „Toby meinte am Telefon, das Essen sei nicht schlecht, aber für Auckland-Neulinge sei vor allem der Ausblick in der Dämmerung hier oben ein absolutes Muss."

„Viewing platform", quäkt es aus dem Lautsprecher in der Fahrstuhlkabine. Wir steigen aus, und ich sehe gerade noch, wie die Sonne rot hinter der Inselgruppe des *Hauraki Gulfs* verschwindet und das Meer und die Dächer der Großstadt in einen warmen Orangeton taucht.

Die Glasfassaden der Hochhäuser reflektieren bunt blinkende Reklametafeln und die Lichter der umliegenden Häuser.

Auckland liegt eingebettet zwischen dem *Hauraki Gulf*, der zum Pazifischen Ozean gehört, und dem *Manukau Harbour*, der sich von der Tasmanischen See her ins Land gräbt. Südöstlich liegen die kleineren *Hanua Ranges*, während im Nordwesten die hohen *Waitakere Ranges* das Land vom Meer trennen. Bergketten und Täler grenzen an Vulkankegel, die mal flach, mal steiler ins Meer abfallen. Die Aussicht von hier oben ist wirklich atemberaubend. *„Bei gutem Wetter kann man bis zu achtzig Kilometer in alle Himmelsrichtungen sehen"*, lese ich im Infoprospekt. Der tägliche Besucherstrom der Touristen ist längst abgeklungen, und nur wenige Leute sehen mit uns aus den Panoramafenstern. Die Lichterketten auf den bewohnten Hügeln in der Stadt werden von Minute zu Minute zahlreicher; so weit das Auge reicht sind in den weiten Grünflächen immer wieder kleine Häuschen zu sehen. Sofort zu erkennen ist auch der riesige Park, die sogenannte *Domain*, in dem auch das Nationalmuseum liegt.

Tamaki-makau-rau, wie Auckland auf Maori heißt, ist auf rund fünfzig Vulkankegeln gebaut. Einige davon sind heute noch aktiv, andere sind nur noch als Buchten, Seen, Berge oder Lagunen zu erkennen. Sie verleihen Auckland seine typische, mal schroffe, mal sanft hügelige Topografie. Die vorgelagerten Inseln, die unweit der Stadt aus dem Meer ragen, sind in der Abenddämmerung nur noch schemenhaft zu erkennen. Einige davon, wie beispielsweise *Waiheke Island*, werden vorwiegend von der wohlhabenden Oberschicht bewohnt, andere, wie die jüngste Vulkaninsel *Rangitoto*, sind völlig menschenleer. Vor etwa 1.000 Jahren wölbte sich das Eiland mit seiner typischen Kegelform aus schroffem, schwarzem Lavagestein aus dem Meer.

Vom *Skytower* aus scheint Auckland wie ein stetig laufendes Uhrwerk, das Leben steht hier niemals still. Im Containerhafen arbeiten die Kräne unter Flutlicht, auf den Straßen reihen sich die Lichter der vorbeifahrenden Autos aneinander, Tausende von weißen Segelbooten vor der graziösen *Harbour-Bridge* sind beleuchtet. Segeln ist im Raum Auckland der Freizeitsport Nummer eins. Daher auch der Spitzname der Stadt: *City of Sails*.

„Wisst ihr, dass man munkelt, Auckland habe mehr Boote als Einwohner?" Toby und Karen stehen auf einmal hinter uns. Wir sind so in die Aussicht vertieft, dass wir sie gar nicht bemerkt haben. *„Hey guys. Great to see you again!"* Wir umarmen uns alle stürmisch. „Ehrlich gesagt, das mit den Booten und den Einwohnern kann so nicht stimmen. Wir haben kein Boot, ihr habt kein Boot." Karen lacht. „Noch nicht!", scherzt Gunnar zurück. Gemeinsam laufen wir einmal um die Aussichtsplattform herum. „Die *Harbour Bridge* kennt ihr ja. Aber wusstet ihr, dass sie über einen Kilometer lang ist? Noch vor weniger als fünfzig Jahren fuhr nur eine Fähre die Strecke, oder man musste den Landweg von über vierzig Kilometern in Kauf nehmen“, erklärt uns Toby. „Heute ist die Brücke auf acht Spuren befahrbar. Und wer clever ist, nimmt sich fremde Leute mit ins Auto. Denn zu den Stoßzeiten gibt es zusätzliche *lanes*, die nur von Autos befahren werden dürfen, die mehr als zwei Passagiere an Bord haben“, ergänzt Karen. „Das ist eine clevere Idee, um Fahrgemeinschaften zu fördern und den Verkehr einzudämmen!“, finde ich. „Wir stehen trotzdem regelmäßig im Stau.“ Toby verzieht genervt das Gesicht.

Ganz am Rand der Aussichtsplattform des *Skytowers* haben die Architekten einen typischen Kiwi-Clou eingebaut und die Fußbodenplatten gegen Panzerglasscheiben ausgetauscht. Ganz ohne Nervenkitzel wäre es hier oben ja auch zu langweilig. „Oh je – meine Höhenangst. Ich kann da nicht drüber laufen. Mir wird schon vom Hinsehen ganz schwindlig“, wehre ich mich, als Gunnar mich auf den Rand drängen will. *„Come on, you wimp*. Warmduscher.“ Bevor ich mich wehren kann, zieht er mich auf den durchsichtigen Glasboden. Mir wird schwindlig und ich habe das Gefühl, als würde die Turmspitze wild hin- und herwackeln, während ich aus den Augenwinkeln die Autoschlangen mehrere hundert Meter unter meinen Füßen sehe. „Augen zu und durch“, sage ich mir und überquere den Glasboden mit halb geschlossenen Lidern, der Weg erscheint mir unendlich lang. Nur hier und da blinzle ich, bis ich endlich wieder auf festem Boden stehe. *„Hurray!“* Karen klatscht in die Hände. „Meisterleistung! Du warst fast so mutig wie beim Zorbing.“ – „Jetzt lasst uns essen gehen; ich glaube, ich brauche Nervennahrung!“ Wir steuern auf das Drehrestaurant zu. „*Wait to be seated*“, steht auf einem kleinen Schildchen am *counter*. Geduldig stellen wir uns an den Tresen.

„Und, wie läuft es für euch in Auckland? *Do you like it?*“, fragt Toby. „Also ehrlich gesagt, als wir erfahren haben, dass Gunnars Job hier oben ist, war ich ganz schön geknickt. Ich hatte bei Neuseeland immer eher die Einsamkeit, die Weiten, unberührte Natur, spektakuläre Landschaften, *Wildlife* und schroffe Küsten im Sinn. Und nun sitzen wir mitten in der einzigen Großstadt.“ Auch Gunnar gesteht: „Das einstige Mittelerde und die grünen Hügel von Hobbingen haben wir in Auckland leider noch nicht entdeckt.“ Toby schmunzelt. „Uns ging es am Anfang genauso. Wir kommen ja beide vom Land auf der Südinsel. Aber mittlerweile sage ich immer ‚*Auckland is nice without Auckland*‘.“ „Es stimmt, dass die Stadt selbst gewöhnungsbedürftig ist, aber das Umland und die Freizeitangebote sind großartig“, schwärmt uns Karen vor. Ein Ober bittet uns zu unserem reservierten Tisch am Fenster. Mittlerweile ist es stockdunkel. „An der Nordküste, über die *Harbour Bridge* hinweg, gibt es die einsamsten weißen Sandstrände und die Halbinsel *Coromandel* ist ein wahres Urlaubsparadies und in nur eineinhalb Autostunden erreichbar. Im Westen, wo wir wohnen, beginnen die *Waitakere Ranges*. Dort grenzt ein Surfstrand an den nächsten, und es gibt sehr schöne Wanderwege.“ Karen und Toby wohnen nun schon seit fünf Jahren in Auckland.

Wir bestellen Lammragout und neuseeländischen Rotwein. Mitten im Gespräch sehe ich aus dem Augenwinkel etwas Großes ganz nahe an der Scheibe vorbeihuschen. „Was war das denn? Habt ihr das auch gesehen?“ – „Ihr seid hier in Neuseeland, schon vergessen?“, zieht uns Toby auf. Offenbar macht da gerade jemand einen Nachtsprung, eine Art Bungeesprung von der oberen Plattform aus." – „Was? Ist das dein Ernst? Man kann vom *Skytower* springen?" – „Sicher. Kiwis springen überall runter. Allerdings schwingen sie nicht frei, sondern werden von einem Stahlseil dirigiert. Das soll ziemlich fad sein, ohne richtigen freien Fall", brummt Toby gelangweilt. Ich kann es kaum fassen. Karen schockiert uns noch mehr: „Wir haben bisher nur den *Skywalk 360 Grad* gemacht. Das war aufregend. Wir sind auf einem 1,20 Meter breiten Absatz in 192 Metern Höhe einmal um den Turm gelaufen." – „Außen oder innen?", frage ich entsetzt. – „Außen natürlich." – „Was ist, wenn einem schwindlig wird oder man stolpert?" Mit versteinertem Blick starre ich auf die Turmspitze. „Keine Angst. Man trägt einen Gurt, der an einem beweglichen Seil befestigt ist. Das ist relativ sicher", meint Toby mit vollem Mund. „Oh Gott, man muss wirklich verrückt sein, um daran Gefallen zu finden", kommentiere ich.

Wir genießen den Abend in vollen Zügen. Stumm blicke ich in die Runde. Da sitzen wir nun – in schwindelerregender Höhe, am anderen Ende der Welt, lachen und schlemmen mit unseren neuen Freunden. In Momenten wie diesem wünsche ich mir immer, die Zeit anhalten zu können. Es wird ein langer Abend und wir verabschieden uns erst gegen Mitternacht, nach mehreren Cocktails in einer mexikanischen Bar um die Ecke. *„Hope to see you soon!"* – „Ja, das nächste Mal kommt ihr uns zu Hause besuchen."

Mein Alltag spielt sich nun weitgehend in unserem Wohnbezirk *Mount Albert* ab, einem sehr bunten multikulturellen Viertel von Auckland. Nur ein paar Straßen weiter leben sehr viele *Pacific Islander*. Sie sehen sehr ähnlich aus wie Maori, stammen jedoch von den pazifischen Inseln, zum Beispiel von den *Cook Islands,* den *Fidschi-Inseln* oder aus *Samoa.*

Viele Häuser sind hier etwas heruntergekommen, auf den Straßen spielen unzählige Kinder. Ich möchte noch ein paar Einkäufe erledigen und schlendere zurück zur Hauptstraße. Eine Gruppe etwa zwölfjähriger Jungs versperrt den Weg. *„Sorry guys."* Ich quetsche mich zwischen den coolen Teenagern in Rapperhosen hindurch, die reihum ihre Sonnenbrillen ausprobieren. Aus ihrem Ghettoblaster tönt Musik von Eminem und einige versuchen, auf der Straße zu breakdancen. Von mir nehmen sie kaum Notiz. Nachdem ich einen kleinen, akkurat gemähten Park durchquert habe, gehe ich zu den Geschäften in der Einkaufsstraße: ein Bäcker, ein Metzger, ein *dairy,* der typische Tante-Emma-Laden, ein Café, ein *fruit and vegie store,* der klassische Obst- und Gemüseladen, der in Neuseeland meist von Chinesen geführt wird, eine Post, eine Apotheke und sogar ein kleiner Laden, der indische Lebensmittel anbietet. Der Großteil der Bevölkerung scheint, neben den Asiaten und Polynesiern, indischer oder pakistanischer Abstammung zu sein. Zwei große, schlanke in lilafarbene Tücher gekleidete Frauen, die unzählige Goldketten und Armringe tragen, kommen gerade aus dem Laden, aus dem indische Bauchtanzmusik dringt. Durch die offene Tür sehe ich einen alten Inder mit weißem Rauschebart und Turban im Schneidersitz auf dem Boden kauern. Eine Tür weiter befindet sich ein Halal-Metzger. Während ich Hähnchenschlegel für die Kinder kaufe, blickt mich aus der Ladentheke ein ganzer Ziegenkopf mit starren toten Augen an.

Vor der Tür des *dairy* summen die Fliegen um einen in Obstsaft getränkten Karton mit Bananen. Eine kleine Asiatin drängt sich an mir vorbei ins dunkle Innere des *Qiang Asia Store Dairy.* Neben ein bisschen Obst und

Gemüse und den typischen Milchprodukten und Schokoladenriegeln gibt es hier auch getrocknete Tiergedärme, aphrodisierende Mittelchen aus Stierhoden und undefinierbare weiße Fischstücke, die in abgegriffene Plastikfolie eingeschweißt sind. Das ist wirklich eine andere Welt. *„Hello. How are you today?"*, begrüßt mich die kleine Chinesin. „Ich möchte gerne eine chinesische Nudelpfanne kochen und brauche noch Shiitakepilze und Sprossen. Was können Sie denn sonst empfehlen?" Das war der Startschuss. Die kleine Chinesin wirbelt um die Theke, ist ganz aufgeregt und führt mich einen schmalen Gang zwischen den Regalen entlang in die hinterste Ecke. „Das sind eingelegte Gemüsestücke süß-sauer, die geben einen tollen Geschmack. Und das hier ist für die Soße, das habe ich direkt aus China." Sie läuft zum gegenüberliegenden Regal, steigt auf einen kleinen Plastikhocker und fischt eine schon leicht rostige Tube von der Ablage unter der Decke. „Von dieser Paste müssen Sie unbedingt auch etwas dazutun, außerdem verschiedene Gemüsesorten und Hühnchen- oder Schweinefleisch – fertig ist das Essen – *Chinapfanne à la Qiang!*" Die Verkäuferin wischt die letzten Spinnweben und den Staub von der Tube. „Gut, das werde ich versuchen." – „Du musst mir dann unbedingt erzählen, wie es dir geschmeckt hat, ja? *By the way, I'm Qiang.*"

Als Belohnung dafür, dass die Kinder beim Einkauf so brav waren, machen wir auf dem Rückweg einen Abstecher auf den Spielplatz. Selbst in einem Viertel wie *Mount Albert* sind die Straßen und Parks sauber, nirgendwo liegt Müll herum. Vandalismus oder Graffiti sind mir in Neuseeland noch nicht begegnet.

„Hey guys, get out of the pram! Wollt ihr zuerst rutschen oder schaukeln?" Ich scheuche Mia und Amy aus dem Kinderwagen. Beide rennen zum Roktopus, einem vierarmigen Karussell, das sich drehen und auf- und abschwin-

gen kann. *„Hold on tight! Here we gooooo!"* Ich schubse sie kräftig an. In der Öffentlichkeit rede ich oft Englisch mit den Kindern. Und sie scheinen alles zu verstehen; sie lernen einfach beide Sprachen kinderleicht im Alltag. Das ist beeindruckend.

Erst wird gerutscht, gewippt und schließlich geschaukelt. Die Spielplätze in Neuseeland sind meist sehr aufwändig gestaltet, der gesamte Boden mit weichen Gummimatten ausgelegt. Ein Tor mit Kindersicherung verhindert, dass die Kleinen davonlaufen.

„Amallia, sweatheart, shall we go to Papa?", fragt eine junge schwangere Frau ihre strohblonde Tochter. Das Mädchen hat einen wuscheligen Lockenkopf und grinst schelmisch. *„No!"*, schreit sie verärgert. Die Mutter wendet sich mir zu, zeigt auf ihre Tochter und verdreht die Augen. *„Terrible twos!* Durch die Phase gehen sie alle. Wie alt sind denn deine zwei?" – „Eineinhalb. Darf ich fragen, warum ihr ‚Papa' sagt? Das klingt ziemlich europäisch." Die Schwangere lacht und wirft die blonden Zöpfe nach hinten. „Mein Mann ist Deutscher", sagt sie doch tatsächlich auf Deutsch mit englischem Akzent. „Du kommst wohl aus Deutschland?" – „Ja, der Akzent verrät einen immer. Wir wohnen erst seit ein paar Monaten hier. Es ist manchmal schon ein komisches Gefühl; nicht, dass die Leute unfreundlich oder abweisend wären. Ganz im Gegenteil. Aber der erste oder zweite Satz in allen Gesprächen ist immer: ‚*Where are you from?*'" – „Ich glaube, das kommt eher daher, dass wir Kiwis hier mit unserem Inselkoller immer gerne von jemandem erfahren, wie es anderswo ist. Bevor ich *overseas* war, wusste ich gar nichts von der Welt. Neuseeland ist einfach sehr abgelegen." – „So habe ich das noch gar nicht gesehen! *By the way, I'm Anja."* – *„I'm Boxi*. Also eigentlich Sarah, aber mein Mädchenname war Box und seit ich denken kann, nennen

mich alle Boxi." In deutscher Manier gibt sie mir die Hand, eine für die Kiwis ungewöhnliche Geste.

Wir unterhalten uns eine ganze Weile, während sich die Kinder beschnuppern. „Wie findest du denn Europa? Was ist dein Lieblingsland?", frage ich interessiert. „Ich fand die Zeit dort großartig, es hat mich unglaublich bereichert. Meinen Mann Steffen habe ich in Italien kennengelernt, mein Traumland. Deshalb haben wir unsere Tochter auch Amallia genannt, nach einer Villa in Sorrento." – „Warum seid ihr denn nach Neuseeland zurückgekommen?" – „Ich habe meine Familie sehr vermisst, meinen Bruder, meine Mutter. Fehlen dir deine Freunde und Verwandten nicht?" – „Oh doch, natürlich. Das ist wirklich die Kehrseite der Medaille. Wir mailen viel und telefonieren oft, aber das ist natürlich kein Ersatz."

„Was macht ihr nächste Woche?" – „Wir fahren übers Wochenende weg, könnten uns aber Anfang der Woche noch einmal treffen." Wir verabreden uns für den kommenden Montag auf einen Kaffee.

Das Rezept für die Chinapfanne ist wirklich einfach und das Essen ein voller Erfolg. Es hebt sogar Gunnars Laune ein wenig, die in der letzten Zeit meist alles andere als gut war. Wir leben nebeneinander her, jeder ist damit beschäftigt, den neuen Alltag zu bewältigen, und abends fallen wir todmüde ins Bett. „Hast du das Essen vom Chinese Takeaway?", fragt Gunnar plötzlich völlig unerwartet. „Nein. Ich war heute im *asia dairy* und die Chinesin hat mir ihre Geheimzutaten gegeben. Schmeckt's?" – „Und wie. Das musst du ungedingt öfter kochen." – „Und mich bei Qiang bedanken." Stille.

Wenn wir uns schon einmal unterhalten und nicht nur anschweigen, muss ich die Gelegenheit beim Schopf packen. „Was ist los mit dir? Hast du Ärger bei der Arbeit?“, frage ich geradeheraus. Gunnar stochert erst still in seinem Essen herum, bricht dann sein Schweigen und erzählt, dass er sich in der Redaktion immer noch nicht so recht wohl fühle. Die direkten Arbeitskollegen seien sehr nett, aber die Redakteure alle etwas kühl, fast schon ablehnend. Er hat das Gefühl, dass sie ihn meiden, und das macht ihm zu schaffen. „Weißt du, wenn bei uns in der Firma jemand neu war, bin ich auch lieber erst zu den alten Mitarbeitern gegangen. Du darfst das nicht persönlich nehmen, es ist nur der einfachste Weg“, meine ich. Er nickt. „Vielleicht hast du recht.“ – „Gib ihnen noch ein bisschen mehr Zeit. Sie werden schon merken, was sie an dir haben.“ Es fällt mir schwer, ihn aufzubauen.

Am nächsten Morgen packen wir in Windeseile die wichtigsten Sachen für uns und die Kinder in einen Koffer. Gedankenverloren reiße ich noch das Etikett von unserem Flug von Dubai nach Neuseeland ab. Unsere Einreise aus Deutschland scheint schon eine Ewigkeit zurückzuliegen.

„They say home is where the heart is“, singen die *Dixie Chicks*, und ich summe leise zur Musik aus dem Radio mit. *„If the exception proves the rule, I guess that's true- uuu.“* Ich muss wieder an Boxi und unser Gespräch über Familie und Freunde denken. Ich weiß im Moment leider überhaupt nicht, wo mein Herz ist. Weder in Deutschland noch in Neuseeland. Wir passieren die *Harbour Bridge*, lassen die Skyline von Auckland mit ihren spiegelnden Hochhäuserfronten hinter uns. Immer weiter fahren wir, hoch in den Norden, in subtropische Gefilde, weg von der Millionenmetropole und von den Abgasen der Verkehrsstaus. Die Straße wird schmaler, windet sich die sanft mit Grün bewachsenen Hügel hinauf. Schafe und Kühe malmen zufrieden das Gras der saftigen Weiden. Der Weg

führt uns weiter die Küste entlang, vorbei an einsamen Buchten und Badestränden. Mit jedem Kilometer verblasst der Alltag, und Erinnerungen an vergangene Urlaubstage werden wach: Unsere Fahrten mit dem Wohnmobil quer übers Land, einfach in den Tag hinein. Die Kinder schlafen, wir schweigen und genießen einfach nur den Augenblick. Gunnar nimmt meine Hand und sieht mir in die Augen. Händchenhaltend fahren wir weiter, bis wir an die Abzweigung nach *Pakiri Beach* gelangen.

Die Schotterstraße ist uns gut im Gedächtnis geblieben, wir sind sie schon vor zwei Jahren mit dem Camper entlanggepoltert – überglücklich, in Neuseeland zu sein. Die gleiche Straße windet sich auch heute den Berg hinab zu einem wunderschönen Strand mit tosenden Wellen, man blickt in eine scheinbar unendliche Weite, beherrscht vom Rauschen des Pazifik und dem Wind, der durch das Dünengras streift. „Das ist eigentlich unser Neuseeland", murmle ich leise und schaue hinauf zu den dreidimensionalen Wolken, von denen ich in Deutschland im Büro so oft geträumt habe.

Es gibt nur einen Campingplatz, hier am Ende der Welt, im Nirgendwo. Wir mieten einen kleinen Bungalow direkt am Strand. Neben dem Campingplatz fließt ein breiter Fluss und schlängelt sich malerisch ins Meer. Die Möwen baden im Wasser und verjagen ein Pärchen *oystercatcher*, schwarze Wasservögel mit langem gelbem Schnabel. Lauthals schimpfend watscheln sie davon.

„You're here for the weekend? Hi, I'm Rick and these are my daughters Linda, Deb and Helen. We live next door. It's a beautiful spot, ey?" Wir begrüßen unsere Nachbarn und stellen uns ebenfalls vor.

„Habt ihr Lust, gleich mit an den Strand zu kommen? Meine Kinder sind gute Babysitter", fragt Rick. – „Gerne. Wir sind in fünf Minuten startklar."

Es ist ein traumhafter Tag im Spätherbst. Barfuß gehen wir mit den Kindern auf dem Rücken über die Dünen in Richtung Brandung. Die Sandeimerchen und Schaufeln klappern mit jedem Schritt. Rick und Janet laufen Arm in Arm vor uns, ihre Kinder rennen den schmalen Pfad zwischen den Dünen voraus und hinterlassen die ersten Fußabdrücke in dem makellosen weißen Sand.

Hinter einer kleinen grasbewachsenen Düne lassen wir die Kinder im Sand spielen. „Schau mal Amy, hier mit der Schaufel ziehen wir den Burggraben." Ricks Tochter Linda geht sehr geschickt mit kleineren Kindern um. Gemeinsam bauen die fünf eine riesige Sandburg.

Obwohl wir nur über das Wochenende verreist sind, habe ich das Gefühl, gerade meinen Jahresurlaub zu genießen. „Wo wohnt ihr eigentlich. Auch in Auckland?", frage ich die beiden interessiert. „Nein, beim *Mount Egmont* an der Westküste. Ihr kennt ihn wahrscheinlich eher unter dem Namen *Mount Taranaki*. Wir kommen jedes Jahr ein paar Mal hier nach *Pakiri Beach*." – „Am *Mount Taranaki* sind wir auch schon gewandert", erinnert sich Gunnar. „Seid ihr auch solche Outdoor-Freaks?" – „Mit den Kindern ist es manchmal ein bisschen schwierig, aber früher sind wir fast alle großen *Tracks*, die Wanderrouten in Neuseeland gelaufen: den *Routeburn Track* ganz unten auf der Südinsel im Fjordland, den *Queen Charlotte Track* in den *Marlborough Sounds* am nördlichen Zipfel der Südinsel und natürlich das berühmte *Tongariro Crossing*." – „Diese Route um den Tongariro Vulkan sind wir auch schon zweimal gelaufen. Als wir im Zubringerbus alle unsere Namen und eine Beschreibung unserer Kleidung hinterlassen mussten, wurde mir allerdings ein bisschen mulmig", erinnere ich mich. „Ja, das ist eine reine Sicherheitsmaßnahme. Wenn der Bus am anderen Ende des *Tracks* am Nachmittag nicht alle Leute wieder aufsammelt, werden Rettungstrupps losgeschickt. Es gab schon Vulkanausbrüche am benachbarten *Mount Ruapehu* oder am *Mount Ngauruhoe*. Oft ändert sich aber auch einfach nur das Wetter innerhalb einer Stunde so dramatisch, dass man im Schneesturm dort oben steht", meint Rick. „Wem sagst du das. Genau das ist uns bei der zweiten Wanderung passiert." Ich erinnere mich noch zu gut an diese Horrortour. „Oh Gott, ich dachte, wir kommen nie wieder zurück. Oben am Kamm waren Windgeschwindigkeiten von bis zu 120 Stundenkilometern. Und dann der Nebel – ich konnte die Hand vor Augen nicht sehen." Allein der Gedanke an die Wandertour lässt mich frösteln. „Dann habt ihr ja die türkisfarbenen *Emerald Lakes* gar nicht gesehen! Die dampfenden Schwefelseen liegen auf dem ersten Abstieg in den großen alten Krater." Rick zeichnet mit einem weißen Stock den Weg in den Sand. „Oh doch. Wir haben tolle Fotos gemacht. Als wir das *crossing* das erste Mal gelaufen sind, hatten wir trotz einer schlechten Vorhersage Traumwetter. Beim zweiten Mal war die Vorhersage gut, aber das Wetter katastrophal." – „Auf unseren Wetterbericht ist sowieso kein Verlass. Der stimmt nie", winkt Janet ab.

Ich schaue fasziniert in den tiefblauen, von bauschigen Schäfchenwolken bevölkerten Himmel. Das ganze Firmament wirkt in Neuseeland dreidimensional – nicht flach, sondern lebendig und viel näher als an irgendeinem anderen Ort, wo ich bislang war. Nirgendwo sonst habe ich bisher solche gigantischen Wolken gesehen.

„Wollt ihr heute Abend mit uns grillen? Wir könnten die Kinder ins Bett stecken und im *firebath* ein Bier trinken. *What do you think?*", wirft Janet in die Runde. „*Firebath?* Was ist denn das?", möchte ich wissen. „Wie, das kennt ihr nicht? Das müsst ihr unbedingt ausprobieren." Ein paar Stunden später glühen im Sand vor unserer *cabin* die letzten Kohlereste vom Grillen. Die Kinder sind im Bett, es ist Ruhe eingekehrt, und das Dünengras kitzelt sanft an den nackten Beinen. Der Himmel hat sich blutrot gefärbt, gleicht einem riesigen lodernden Feuer. Weit unten am Strand galoppieren zwei Reiter im Sonnenuntergang. Die Abendstimmung ist schon fast kitschig.

„*Let's have the firebath now.* Es ist ganz einfach: Man braucht nur eine alte Badewanne mit Füßen. Dann gräbt man sich im Garten ein Loch, steckt ein paar Äste hinein, stellt die Badewanne darüber und entzündet darunter ein Feuerchen. So hat man sein eigenes Open-air-Spa. Vor dem Bungalow neben uns steht schon eines für uns bereit." Rick zeigt uns die Wanne in einer Mulde. Die ersten Sterne funkeln am Himmel, als er das Treibholz und die Äste für das Feuer aufstapelt. „Kannst du bitte den Schlauch holen, Jane?" Wir Frauen wickeln den Wasserschlauch gemeinsam von der Rolle. „Wasser, Marsch!", ruft Gunnar uns über die Büsche zu. Wenige Minuten später ist die Wanne voll, darunter lodert ein Feuer. „Ihr seid als Erste dran. *Go ahead*", fordert Rick uns auf. „Ich halte eure Flaschen, bis ihr drin seid. Steigt von der Seite ein, sonst verbrennt ihr euch die Füße." Janet zeigt uns, wie wir am geschicktesten ins *firebath* kommen. Es ist nicht wirklich kalt, eher erfrischend – unten heiß, oben kalt. „Ich glaube, ich senge gleich meinen Bikini an", warne ich Gunnar und versuche das Wasser besser zu verteilen. „Ist das Ding aus Teflon?", fragt Gunnar scherzend in die Runde, als auch er in der Wanne sitzt.

Janet reicht uns die Drinks, und wir lehnen uns entspannt in unserem Open-air-Bad zurück. Mittlerweile ist es stockdunkel, und ich kann eine winzige, auf dem Rücken liegende Mondsichel am Himmel sehen. Sie sieht aus wie eine abgegessene Orangenschale. Je mehr sich die Augen an die Dunkelheit gewöhnen, umso mehr kann man erkennen. Tausende von kleinen Punkten blinken am gewölbten Himmelszelt. Ich kann mich gar nicht sattsehen. „So viele Sterne sieht man auf der Nordhalbkugel in Europa leider nie. Es gibt kaum ein Fleckchen, an dem nicht irgendwo eine Laterne oder die nächstgrößere Stadt den Nachthimmel beleuchtet." Eine absolute Zufriedenheit und ein inneres Glücksgefühl durchströmen mich „Das Bad war die beste Idee des Tages! Heute Nacht schlafe ich wie ein Murmeltier."

Wir müssen schon um zehn Uhr aus unserem Bungalow auschecken, packen alle Reiseutensilien ins Auto. *„How was your night?"* Rick und Janet kommen mit den Kindern im Schlepptau an unsere Terrasse. *„Short, but good!"* – „Geht ihr noch einmal mit zum Strand?"

Außer uns ist nur noch eine weitere Familie hier. Wir ziehen Mia und Amy ihre Windjacken an und beobachten fröstelnd ein paar Kinder, die trotz der Wassertemperatur von kaum 16 Grad in den Wellen plantschen und sich auf ihre *Boogie-Boards*, kleine Minisurfbretter aus Hartschaum, schwingen. Mia und Amy laufen Hand in Hand durch die kleinen Wellenausläufer, die über den warmen Sand gespült werden, und spielen mit Linda, Deb und Helen Fangen.

„Shark, shark, get out – quick!" Die Mutter der anderen Familie gestikuliert plötzlich wild mit den Armen. Ich bin wie hypnotisiert. Langsam wandert mein Blick in Richtung Meer und wie in Zeitlupe sehe ich zwei Jungs und ein Mädchen aus dem Wasser rennen. Janet läuft angezogen bis zur Hüfte ins Wasser, fischt ihre Töchter aus den Fluten und erntet dafür von ihnen völlig verständnislose Blicke. Auch Gunnar rennt und holt Mia und Amy aus dem Sand auf die Decke. In einer Welle, keine zehn Me-

ter vom Ufer entfernt, taucht ein gut drei Meter langer dunkler Schatten auf. „War das ein Hai? Oder ein Delfin? Habt ihr den Schatten gesehen?“, frage ich panisch und merke, wie meine Knie zittern. „Ja, ich hab’ auch gedacht, da wäre was.“ Janet ist im Gegensatz zu mir sehr ruhig. Gebannt starren wir alle auf das unruhige Wasser, aus dem für Sekunden eine große dreieckige Flosse auftaucht.

„Oh mein Gott. Ein Hai. Ein echter Hai, und so nah am Badestrand“, rufe ich völlig entsetzt. Keiner sagt etwas, aber alle Kiwis sehen mich ein wenig mitleidig an, als würde ich vom Teufel persönlich sprechen. „Für mich ist das eine Sensation – eine beängstigende, um ehrlich zu sein!“, erkläre ich. „In Neuseelands Meeren gibt es jede Menge Haie. Das ist nichts Besonderes!“ Rick ist ganz nüchtern. „Wo Delfine und Robben sind, da sind eben auch Haie. Sie jagen Fische und andere Meeressäuger.“ – „Der muss sich vom nahe gelegenen *Marine Reserve* hierher verirrt haben“, überlegt Janet.

Für mich mit meiner Haiphobie ist der Tag gelaufen. „War das wirklich ein Hai?“, möchte ich mich noch einmal bei Janet versichern. – „Ja. Aber der ist schon lange wieder weg. Kein Grund zur Panik!“ Sie klopft mir beruhigend auf die Schulter und lacht. Ich lasse das Wasser keine Minute mehr aus den Augen.

Keine zwanzig Minuten später sind alle Kinder wieder im Wasser, surfen und schwimmen, als wäre nichts gewesen. Mir ist diese Gelassenheit völlig unverständlich. „Habt ihr keine Angst um eure Kinder?“, frage ich Janet verständnislos. „Hier in Neuseeland wachsen wir alle mit der Gefahr und dem Wissen um die Haie auf. Tatsächlich haben wir, obwohl es hier sogar den großen Weißen gibt, nur ein bis drei Haiangriffe auf Menschen pro Jahr, tödlich war seit über 15 Jahren keiner mehr. Das ist alles nicht so wild.“

Ich kann mich trotzdem nur schwer beruhigen und habe auch eine Stunde später, als wir uns schweren Herzens von Janet, Rick und den Kindern verabschieden, noch einen dicken Kloß im Hals. „Vielleicht können wir uns ja im nächsten Sommer wieder hier treffen?“, schlägt Gunnar vor. „Jederzeit. Dann bringen wir Anja einen Plüschhai mit – zum Kuscheln.“ Rick macht sich immer noch über meine Panik lustig. *„You take care and have a safe trip home!“*

Noch die gesamte Heimfahrt reden wir von nichts anderem als unserem ersten echten wilden Hai am *Pakiri Beach*.

Juli –
Winter im Pazifik

„WHAT WOULD YOU LIKE?" Die junge Bedienung im Café sieht mich fragend an. Ich habe wirklich keinen Schimmer, was ich zu meinem Kaffee nehmen soll. *Hundreds and Thousand-Cookies?*, zuckersüßer Mürbeteig mit pinker Glasur und bunten Streuseln? Nein, das trifft nicht wirklich meinen Geschmack. Auch die Donuts, Muffins und *Carrot-Cake*-Stücke lachen mich nicht an. Ich bestelle mir einen Cappuccino und ein Brownie. Die Angestellte drückt mir einen Metallständer mit der Nummer sieben in die Hand.

Mit meinen vielen Taschen richte ich mich in der Nähe der Spielecke häuslich ein. „Ob Boxi überhaupt auftaucht?", kommt mir auf einmal in den Sinn. „Vielleicht hat sie die Verabredung nicht so ernst genommen oder schon wieder vergessen?" Ich setze Mia und Amy in den abgetrennten Spielbereich zwischen Bücher, Kuscheltiere, Legosteine und Puzzles.

In diesem Moment geht die Tür auf und Boxi spaziert mit ihrem Kinderwagen herein. *„Hello. Sorry, I'm late. Good to see you again!"* Auch sie bestellt ein Getränk.

Die Auswahl der Kaffees in Neuseeland ist reichhaltig. Neben dem *long black*, der schwarzen Tasse Kaffee, bieten die *Barista* unzählige Varianten an: Latte, Cappuccino, Moccaccino, Café au lait, Café Caramel, Flat White. Und für die Kinder gibt es *fluffys*, warme aufgeschäumte Milch in einer Espressotasse mit Kakaopulver darauf. Noch vor einigen Jahren hatte Neuseeland kaum eine gute Bohne, doch heute ist das Land mit den besten Sorten und guten *Baristas* regelrecht überschwemmt und der Weg zum nächsten Take-away-Café nie weit.

Boxi streichelt sich zärtlich mit der Hand über ihren dicken Babybauch und berichtet stolz, dass sie einen kleinen Jungen bekommt. „Amallia ist aber auch ein ganz schöner Wirbelwind, wie wird das erst, wenn ihr Brüderchen da ist." Sie zieht ihre dicke Regenjacke aus. „Mia und Amy sind auch kaum zu bremsen. *It´s gonna be full on, I can tell you!*" Wir tauschen uns über alles aus – von Mutter zu Mutter und so, als würden wir uns schon Jahre kennen. Mit Boxi kann ich mich auf Anhieb über Erziehungsprobleme, Essrituale und die cleversten Spielideen unterhalten. Und meine neue Freundin nimmt mich ab sofort an die Hand – auf eine bunte Reise mit unseren Sprösslingen in den kinderfreundlichen Alltag Neuseelands. Hier dreht sich wirklich alles um die Kids. Überall sind wir mit unseren Kleinen gerne gesehen und die Wochen sind im Nu verplant. An Montagen steht *mainly music* auf dem Programm. Mit Rasseln und Plüschtieren tanzen und singen die Kinder mit den Marienkäferchen, Kühen und Enten um die Wette. Und die Mütter stimmen meist völlig ungehemmt mit ein. Zum Glück kennt mich außer Boxi niemand. Am Dienstag ist unser fester *Jumping-Beans*-Tag: lustiges Kinderturnen mit unseren drei Springbohnen. Meine Freundin könnte mit ihrem dicken Bauch glatt als Gymnastikball durchgehen. Mittwochs klappern wir die schönsten Spielplätze ab. Bei schlechtem Wetter schleppt mich Boxi mit zu den *chipmunks*: riesige Plastikrutschen, bunte Tunnelröhren, Ecken zum Verkleiden und wabbelige Hüpfburgen – in dem Indoorspielplatz werden selbst wir wieder zu Kindern. Jeden Donnerstag statten wir der *toy library* einen Besuch ab und leihen uns dort im Wochenturnus Brettspiele, Dreiräder und Puppenstuben aus. Der Freitag ist heilig, denn da ist *Coffee-Group*-Tag, und wir treffen uns abwechselnd bei einer der Mütter zum Tratsch. Jetzt im Winter, wo es viel regnet, ist das eine willkommene Abwechslung, um aus den eigenen vier Wänden heraus zu kommen.

Die Nächte werden nun schlagartig kälter. Ich wache morgens fröstelnd auf, immer wieder prasselt Hagelregen auf unsere Terrasse, die Scheiben beschlagen, es ist klamm, und der Wind pfeift erbarmungslos durch jede Ritze. „So ist also der Winter in Neuseeland. Hätte mir jemand gesagt, ich würde hier einmal frieren, hätte ich das nicht für möglich gehalten!" – „Immerhin hat es draußen noch vier Grad." Gunnar schielt durch die Fensterscheibe auf das Thermometer. „Komisch. Mir kommt es viel kälter vor." Ich laufe ins Bad und sehe auf unser Thermometer. „Auch im Haus hat es nur vier Grad! Kein Wunder, dass es so verdammt kalt ist!", rufe ich durch den Hausflur in Richtung Küche.

Ich hole den Kindern ein zweites Paar Socken und ziehe mir meine dicke Fleecejacke über. Zähneklappernd krame ich unsere drei Ölradiatoren aus dem Wandschrank. Eine knappe Stunde später sind zumindest Wohn- und Kinderzimmer einigermaßen warm.

Was die wenigsten wirklich über Neuseeland wissen: Im Winter wird es hier ganz schön frisch. Schnee und Eis gibt es nur auf der Südinsel und vereinzelt in höher gelegenen Gebieten der Nordinsel. Wind, Regen und lausige Temperaturen haben den Rest des Landes von Juni bis September trotzdem fest im Griff.

Schuld an der Kälte sind die eisigen Winde und Meeresströmungen in Neuseeland, die direkt aus der Antarktis kommen. Angesichts der neuseeländischen Bauweise sind sie oft besonders spürbar. Viele Häuser sind hier an die hundert Jahre alt, gänzlich unisoliert und ohne Heizung. Selbst heute bauen Kiwis so, als ob sie auf einem tropischen Eiland wie Fidschi oder Tonga leben würden. Schmale Holzlatten werden zu einem Gerüst aneinander genagelt, dazwischen kommen Rigipsplatten – fertig. In unserem Holzdielenboden im Bad kann man durch ein Astloch bis auf die Erde unter dem Haus sehen.

Es ist wieder einmal Freitag. In einer Regenpause mache ich mich flink auf den Weg zu Boxi. Schon von Weitem sehe ich jede Menge Kinderwagen, die vor ihrer Haustüre geparkt sind. Jo hat ihren Sohn Luke unter den Arm geklemmt, in der anderen Hand hält sie eine Kaffeetasse. *„Good to see you. Come in!“* Mit Mia und Amy auf dem Arm stolpere ich hinein. *„You've got your hands full!“*, ruft mir Shawna aus dem Bad entgegen. Mit Boxi ist sie die einzige echte Neuseeländerin. Sie hat ein offenes Gesicht und strahlende Augen, ihre langen blonden Haare sind im Nacken zu einem lockeren Knoten zusammengebunden. *„Hey Anja, glad you didn't get wet.* Magst du Kaffee oder Tee?“, fragt Boxi über die Küchentheke. Auch die anderen Bekannten sind da: Debbie aus Südafrika, Sandra aus Österreich und Maya aus Samoa. Ich setze Mia und Amy zu den anderen Kindern auf den Boden. „Hier ist es richtig warm. Wie kriegst du das hin, Boxi?“, frage ich neugierig. „Wir haben einen Gasofen. Aber ins Kinderzimmer darfst du nicht gehen, da ist es ziemlich kalt.“ – „Sagt mal, friert ihr nicht? Bei uns zu Hause ist es eisig. Heute früh im Schlafzimmer ist mir im Bett der Atem vor dem Mund gefroren“, jammere ich. *„I thought, Germany is much colder in winter?“*, fragt Jo mich überrascht. „Ja, das stimmt wohl, aber unsere Häuser sind komplett isoliert, haben Doppelverglasung und eine Zentralheizung. Da machen Minus zwanzig Grad draußen gar nichts.“ Die Mütter lachen. „Da wirst du dich hier eben ganz schön umstellen müssen", ruft Boxi aus der Küche ins Wohnzimmer. „Ich weiß, aber ehrlich. Wie macht ihr das?" – „Wir heizen mit Holz und sind dann die meiste Zeit im warmen Wohnzimmer", erzählt Shawna. „Na ja, es kommt schon mal vor, dass ich mir fünf Schichten anziehe." Sie lacht. „Ich glaube, wir Kiwis sind einfach abgehärteter. Wir kennen es ja von klein auf nicht anders", stellt Boxi fest.

Da ist wohl etwas dran. Die Neuseeländer sind naturverbunden, *tough* und zudem sehr einfallsreich. So haben die hiesigen Klimabedingungen einige ganz simple Ideen hervorgebracht: zum Beispiel Thermovorhänge. Das sind dicke Gardinen mit einer weißen Gummierung auf der Innenseite, welche die einfach verglasten zugigen Fenster wenigstens ein bisschen abdichten.

„Habt ihr vielleicht noch ein paar andere Tipps?", frage ich in die Runde. „Ich habe heute Nacht im Bett so geschlottert." – *„Oh dear!"* Shawna legt den Kopf schief. „Habt ihr etwa noch keine *electric blankets?"* – „Was ist denn das?" Ich kann mir nichts darunter vorstellen. „Na, Heizdecken fürs Bett", erklärt mir Boxi mit ihrem niedlichen Akzent auf Deutsch. – „Die gibt es für zwanzig Dollar im *Warehouse. Good as gold!"* Ich nehme mir vor, sobald es geht, welche zu besorgen.

Der nächste Morgen beginnt mit einem Schock: Es ist bereits hell, als ich die Augen öffne. Gunnar müsste doch längst im Bad sein, schläft aber immer noch neben mir. Die Anzeige des Radioweckers ist dunkel. Komisch. Ich angle nach meiner Armbanduhr. „Ach du Schreck, es ist schon 8.10 Uhr." Unsanft rüttele ich Gunnar wach. „Hey, wir haben verschlafen. Der Wecker hat nicht geklingelt, du musst zur Arbeit!" Wie ein Blitz schießt Gunnar hoch. „Waaas?" Er taumelt aus dem Bett ins eiskalte Bad, versucht verzweifelt, den Heizlüfter anzumachen – nichts tut sich. „Vielleicht ist wieder etwas mit der Sicherung nicht in Ordnung", höre ich ihn im Bad brummeln. Das ist schon öfter passiert, wenn Toaster, Mikrowelle und zwei Heizungen gleichzeitig liefen. „Aber wir haben doch gar keine Elektrogeräte an." Schlotternd laufe ich zum Sicherungskasten und sehe nach. Alles in Ordnung. „Hm, keine Ahnung. Ein Stromausfall?" – „So ein Mist." Gunnar kommt wutschnaubend aus dem Bad zurück. „Das Wasser ist eiskalt!" Hastig ziehe ich mir eine lange Jogginghose, eine Wolljacke und dicke Wandersocken über. „Klar, der Wasserboiler heizt auch elektrisch." Von unserem Krach sind Mia und Amy wach geworden. Ich ziehe ihnen Unterhemd, Strumpfhosen, Jeans, Longsleeves und darüber einen dicken Pullover an – die beiden sehen aus wie Michelin-Männchen.

Auch im Wohnzimmer und in der Küche ist es eiskalt. Wasserkocher, Mikrowelle, Herd – nichts geht mehr. Gunnar stolpert in die Küche. Er muss sich beeilen, ist schon viel zu spät dran. „Was machen wir denn jetzt?", frage ich ratlos. Ich glaube, du solltest dich einfach mit den Kindern ins Auto setzen und ein bisschen herumfahren. Und wenn es wirklich länger dauert, fährst du eben bis nach Wellington zu Ken und Chris." „Na, erst mal abwarten", brumme ich zurück und will mir das Szenario gar nicht weiter vorstellen. Zehn Stunden bis nach Wellington ...

Nach einer schnellen Schüssel Cornflakes ist Gunnar zur Tür raus. „Na ja, wenigstens werden die Sachen im Kühl- und Gefrierschrank bei den Temperaturen nicht schlecht", denke ich noch, als mein Handy klingelt. Es ist Boxi, auch bei ihr funktioniert nichts. „Ich gehe mit Debbie und Shawna in die *shoppingmall* zum Aufwärmen! Lieber einen Tag in der *mall* verbringen, als zu Hause frieren. Das regelt sich schon." Ich sage zu.

Meine Verabredung heitert mich auf. Hoffentlich hat das Einkaufszentrum Strom oder zumindest ein Notstromaggregat. Nach einem ungemütlichen Frühstück packe ich Mia und Amy ins Auto und mache mich auf den Weg. *„Fast alle Stadtteile und sogar Randgebiete Aucklands sind von dem Stromausfall betroffen"*, berichtet der Nachrichtensprecher im Radio. Ich drehe lauter. *„Derzeit sind etwa 700.000 Menschen ohne Strom. Die Ursache ist noch nicht eindeutig geklärt."*

Erleichterung, als ich an meinem Ziel ankomme. Das Parkhaus ist erleuchtet und auch die Türen zum Eingang stehen offen: Wir haben Glück, die *mall* hat Strom. Eine warme Bleibe für die nächsten Stunden ist uns also sicher.

„Hello everybody!" Boxi und Shawna winken, als Debbie und ich uns gleichzeitig durch den Eingang quetschen. „Das erinnert mich irgendwie an 1998, euch nicht?", fragt Shawna in die Runde. *„Haven't been in New Zealand at that time"*, sagt Debbie. „Was war denn 1998 genau?", will ich wissen. „Damals fiel für über fünf Wochen der Strom aus", erinnert sich Boxi. „Die Ursache waren Schlampereien der Energieanbieter, die vier völlig veraltete Kabel benutzten, um die ganze *Central City* zu versorgen. Die Behörden waren zu stolz, die kostenlose Hilfe von Siemens anzunehmen, deshalb wurde der Stromausfall zur Katastrophe." Shawna schüttelt den Kopf. „Es war unglaublich, die vier Leitungen brachen zusammen und alles stand still. Die gesamte *Queenstreet*, die Haupteinkaufsstraße, und das *Business District* waren wie ausgestorben", erinnert sie sich. „In einigen Geschäften wurde bei Kerzenlicht verkauft. Andere haben ihre Waren auf die Straße vor die Läden gebracht, wenn es gerade nicht regnete. Ich habe damals einem Juwelier eine goldene Uhr auf einer Holzkiste abgekauft. Es war unglaublich, wie auf einem nächtlichen Markt in Shanghai." Wir schütteln un-

gläubig die Köpfe. „Jedenfalls gingen mehrere Unternehmen pleite, manche mussten ihre Büros auch in Außengebiete verlegen; andere gingen sogar nach Australien. Eine Freundin, die in der Innenstadt lebt, hat sich mit 6.000 anderen Appartementbewohnern für diese Zeit eine andere Bleibe gesucht und zog zu uns in den Stadtteil *Mount Eden*." Mir wird ganz mulmig zumute. „Und so etwas passiert in einer Millionenstadt?", frage ich irritiert in die Runde. *„Oh dear, welcome to New Zealand"*, entgegnet Boxi. „Wir hinken in manchen Dingen etwas hinterher. Teilweise sind wir eben einfach noch eine moderne Bananenrepublik – wenn auch eine sehr schöne", kommentiert sie. Ihre Selbstironie lässt alle schmunzeln.

„Das betrifft auch unsere Müllentsorgung. Wir buddeln immer noch alles ein, während ganz Europa recycelt. Kläranlagen gibt es kaum. Oder denkt nur an die Stadtparks, die ganz ungeniert mit Unkrautvernichtungsmittel ‚gepflegt' werden. So grün wie immer alle denken, ist Neuseeland nämlich nicht." Shawna wirft Boxi einen skeptischen Blick zu. Die Sache geht ihr etwas zu weit. Ich halte mich bewusst zurück. Nun meldet sich Debbie zu Wort: „Natürlich hätte Neuseeland größere Probleme, wenn hier mehr Menschen leben würden. Aber in den letzten Jahren hat sich immerhin etwas getan. Inzwischen trennen wir Papier und Plastikflaschen vom restlichen Müll. Das ist doch ein Anfang." Damit ist die Diskussion fürs Erste beendet.

Wir schlendern weiter in Richtung Rolltreppe, vorbei an Schaufenstern mit schräg gestylten Modepuppen. Manche der Kleider lassen mich schaudern. „Sag mal, wer zieht denn so etwas an?", frage ich in die Runde und deute auf eine Schaufensterpuppe: Tailliertes rotes Punktshirt zu pinkem Minirock und gelben Ringelsocken, dazu eine Plastikperlenkette in Lila. Die Puppe in der Boutique nebenan macht ihr gute Konkurrenz: ein grellbuntes Karo-Blümchenmuster ziert ihre Plüschbluse, die wie ein Sack über beide Schultern hängt und zipfelig bis über die Hüften reicht. Ein breiter weißer Ledergürtel soll den Übergang zum knallgelben Hosenrock mit Bundfalten kaschieren. Wir bleiben vor dem Schaufenster stehen.

„Not too bad.“ Shawnas Augen funkeln beim Anblick des Outfits. „Ich ziehe so was an!“, meint Debbie flapsig. „Letzte Woche habe ich mir die Bluse gekauft. Ich fand sie großartig!“ Debbie hat, wie ihre Tochter, eine wilde, leicht rötliche Lockenmähne und ist sehr schlank. „Ich würde mich nicht trauen, das anzuziehen“, versuche ich die Kurve noch zu kriegen. „Na ja, mit ein bisschen Selbstbewusstsein eventuell“, ergänzt Boxi. Sie will mir aus der Klemme helfen. „Debbie, du bist eben einfach ein Paradiesvogel, du kannst alles tragen.“ Shawna klopft ihr auf die Schulter. Und tatsächlich. Erst jetzt sehe ich mir ihr Outfit genauer an: Sie trägt mintfarbene Stiefel über einer gelb-weiß karierten Hose, dazu einen breiten roten Gürtel, der locker über eine flatternde blaue Hemdbluse hängt, darunter leuchtet ein gelbes Top. „Meine Mutter hat mir früher immer diktiert, was ich anziehen soll. Sie wollte nicht akzeptieren, dass ich einen anderen Geschmack habe.“ Unauffällig mustere ich ihr schräges Outfit. Doch ich muss gestehen, die Sachen stehen ihr.

„Also los, weiter geht's!“ Boxi macht den Anfang und schiebt ihren Wagen in Richtung *food court*, die Essmeile.

Das Einkaufszentrum ist riesig, Geschäfte so weit das Auge reicht. Es ist fast so, als wäre ich in Düsseldorf, Berlin oder München, wäre da nicht die bunt zusammengewürfelte Menschenmenge. Es ist eine kuriose Mischung aus sämtlichen Nationalitäten, Hautfarben und sozialen Schichten. Barfüßige Handwerker, sehr elegante Frauen mit spitzen Pumps, dazwischen mischen sich Jugendliche in streng grau, grün oder blau karierten Schuluniformen. Es gibt hier schlicht und ergreifend keinen Modezwang, auch für Jugendliche nicht. Keinen Druck, sich die neueste Levis-Jeans oder Nike-Schuhe zu besorgen, um bei den Freunden angesagt zu sein. Ich habe immer wieder den Eindruck, dass das Äußere hier keine so große Rolle spielt wie bei uns. Das ist irgendwie angenehm.

Nach einer ausgedehnten Kaffeepause steuern wir auf das *Warehouse* im Untergeschoss zu. „Ich muss unbedingt nach den *electric blankets* sehen!" – „Die helfen dir allerdings bei einem Stromausfall auch nicht", witzelt Shawna einmal mehr. „Der wird ja diesmal hoffentlich nicht fünf Wochen dauern!", entgegne ich. Debbie zuckt mit den Schultern: „Wer weiß das schon." In der Mitte des Hauptgangs beladen Mitarbeiter gerade ganze Tische mit Daunendecken, Radiatorenheizungen, Schafswollunterlagen, Wolldecken verziert mit Maori-Ornamenten und – *electric blankets*.

„Genau das brauchst du jetzt." Boxi reicht mir eine der Packungen. „Das ist aber für ein Doppelbett" – „Ja, und?" – „Mein Mann findet das albern. Er meinte, ihm reicht eine Schaffellunterlage für die Matratze." – „Ach, so ein riesiges *king size sheep?*"

Plötzlich klingelt mein Handy. „Wo steckst du denn?", fragt Gunnar überrascht. „Ich bin im *Warehouse*; hier ist es wenigstens warm. Gibt's was Neues in Sachen Stromausfall?" – „Deshalb rufe ich an. Ich habe gerade den Beitrag für die Abendnachrichten geschnitten. Ein herunterbaumelndes Kabel hat die halbe Stadt lahmgelegt! Aber in einer Stunde müsste alles wieder funktionieren."

„Hört mal zu, ich habe Neuigkeiten. *Ein* defektes Kabel ist schuld am Stromausfall!" – „Wie bitte?" Debbie sieht mich ungläubig an. „In einer Stunde soll alles behoben sein."

Allgemeines Aufatmen. „Und ich dachte schon, wir müssen in der *mall* übernachten."

Am Abend schalte ich meine neu erworbene Heizdecke ein. Während sie mein Bett langsam vorwärmt, ziehe ich die Schaffellunterlage über Gunnars Matratze und strecke mich dann genüsslich in meinem kuscheligen Bett aus. „Nie wieder schlafe ich ohne das Ding!", sage ich zu Gunnar, der sich neben mich legt. Er grinst zähneknirschend und streckt dann vorsichtig die große Zehenspitze zu mir herüber. „Na?", sage ich. „Ist dir etwa kalt?" Er sieht etwas gequält aus. „Meinst du, wir könnten mein Schaf morgen vielleicht gegen so ein *electric blanket* umtauschen?"

August – Auckland without Auckland

„Ist dir schon mal aufgefallen, dass im Radio selten die Uhrzeit angesagt wird?“, fragt mich Gunnar. Ich suche in der Mittelkonsole nach meinem Handy. „Wie spät ist es eigentlich?“ – „Halb elf.“ – „Ich habe mit Stacey und Dave ausgemacht, dass wir sie so zwischen halb elf und elf abholen.“

„Man sieht auch sonst in der Öffentlichkeit kaum Uhren“, werfe ich ein. „Vielleicht spielt Zeit hier einfach keine so große Rolle wie in Deutschland. Selbst bei der Arbeit, wo die Nachrichten produziert werden, hängen keine Uhren. Und dabei werden sie doch manchmal erst auf die Sekunde genau zum Ausstrahlungstermin fertig!“ Das ist wirklich kurios.

Der Weg in den Westen Aucklands führt uns durch Wohngebiete, in denen kahle Bäume neben Palmen, Farnbäumen und Yukkas, den sogenannten *cabbage trees*, stehen. Ein merkwürdiges Winterbild: Alles ist grün. Nirgendwo ist das Wetter so sprunghaft wie hier in Neuseeland. Am Morgen verlässt man in Winterkleidung das Haus, am Nachmittag könnte man baden gehen. *„Four seasons in one day“*, kommentieren die Kiwis das gerne mit Leichtmut. Jetzt scheint bei zwölf Grad die Sonne – genau das richtige Wetter für einen *hiking trip*. Wir sind auf dem Weg zu Dave und Stacey, ein Paar in unserem Alter und Arbeitskollegen von Gunnar.

„Die beiden werden dir gefallen. Sie sind wirklich nett. Mit Dave spiele ich in der Mittagspause immer im Kellerraum Tischtennis – und verliere regelmäßig." – „Und die Redakteure? Ist die Stimmung besser?" – „Ach ja, schon eine ganze Weile. Es scheint sich herumgesprochen zu haben, dass man mit ‚dem Deutschen' auch ganz gut reden kann." Er grinst zufrieden.

Stacey und Dave wohnen am Stadtrand von Auckland. Hier geht das dörfliche Straßenbild in den reinen Buschwald der 16.000 Hektar großen *Waitakere Ranges* über. Das Häuschen der beiden liegt tatsächlich mitten im Urwald. Von der geschwungenen schmalen Straße aus kann man lediglich die steile Auffahrt und einen Briefkasten erkennen.

Stacey und Dave erwarten uns bereits. *„Godday! This is my wife Anja." – „Pleased to meet you!"* Stacey ist groß, sehr schlank und hat ihre langen schwarzen Haare zu einem dicken Zopf geflochten. Dave ist ein lustiger Typ mit aschblondem Haar, bunt zusammengewürfelten Hiking-Klamotten und roten Wandersocken, die aus seinen Stiefeln gucken und die nackten Waden bis zur Hälfte bedecken.

„Euer Haus ist ja wirklich originell! Habt ihr hier mitten im Busch nicht jede Menge Ungeziefer?" – „Ach, es hält sich in Grenzen. Im Gegensatz zu Australien gibt es in Neuseeland keine giftigen Tiere, wie Schlangen oder Skorpione", meint Stacey. „Und wenn mal eine Spinne in der Badewanne sitzt, rufe ich immer Dave, meinen Helden."

„Na ja, es gibt hier eine einzige giftige Spinnenart, die im Treibholz lebt. Aber davon abgesehen, dass sie sehr selten ist, beißen auch nur die weiblichen Tiere – ganz so wie bei uns Menschen." Dave grinst bis über beide Ohren, während Stacey nur die Augen verdreht.

„Wo fahren wir denn eigentlich genau hin?", will Gunnar wissen. „Das kommt ein bisschen darauf an, was euch am meisten interessiert. Wir würden vorschlagen, erst einmal nach *Muriwai*. Dort gibt es eine riesige, sehr sehenswerte Tölpelkolonie. Um diese Jahreszeit sind zwar nicht so viele Tiere dort wie im Frühjahr, dafür aber auch nicht so viele Touristen."

Gesagt, getan.

Wir nehmen den *scenic drive* entlang der Küste. Geschmeidig windet sich die schmalspurige Straße durch die üppigen, mit Busch überwucherten Hügelketten der *Waitakere Ranges*. Baumfarne, die sogenannten *silverferntrees*, glitzern im Sonnenlicht, Riesenlilien und gigantische Flachsbüsche hängen bis weit auf die Fahrbahn. Überall winden sich Efeuranken die dick mit orangefarbenen, pflaumengroßen Beeren behangenen Stämme hinauf. „Wenn ihr später noch Lust habt, könnten wir den *Fairy Falls Track* laufen. Der Weg führt zu einem märchenhaften Wasserfall", meint Dave.

„In den *Waitakere Ranges* gibt es auf über 250 Kilometern 144 angelegte Wanderwege. Bis ihr die alle durchhabt, seid ihr eine ganze Weile unterwegs!" Auckland hat also doch mehr zu bieten, als ich zunächst vermutet habe.

„Schaut mal, da vorne liegt schon wieder ein Pullover auf der Straße." – „Wie bitte?", frage ich irritiert. „Ich meine ein plattgefahrenes Possum." Stacey lacht. Die Possums sind eigentlich ganz niedlich. Sie sehen ein bisschen aus wie eine Mischung aus Teddy und Katze. „Sie sind irgendwie plüschig, findet ihr nicht?" – „Deswegen machen sie ja Pullover aus ihnen", erklärt Stacey. „Nach dem Eisbären haben Possums das wärmste Fell im Tierreich. Mit Merinowolle gemischt hält das richtig schön die Kälte ab. Ich weiß, wovon ich spreche. Ich habe selbst einen Possum-Pullover zu Hause."

„Die Tiere müssen dir wirklich nicht Leid tun." Dave wendet sich nach hinten um. „Die paar Possums auf der

Straße sind nur ein Bruchteil. Insgesamt gibt es in Neuseeland etwa 75 Millionen dieser Exemplare. Ich habe erst neulich wieder einen Bericht darüber gelesen: Sie sind eine richtige Plage, fressen alles weg, was grün ist, dazu Vogeleier und Jungtiere. Viele einheimische Vögel, wie der Kiwi, sind im Laufe der Evolution flügellos geworden und so für die Possums eine leichte Beute. Wegen ihnen ist auch unsere *Tuatara* bedroht, die einzige Brückenechse der Welt."

„Unternimmt das *Departement of Conservation* (DOC), die Regierungsbehörde für Natur- und Umweltschutz, denn nichts gegen die Possums, wenn sie doch so schädlich sind?", fragt Gunnar, als wir das nächste tote Tier hinter uns lassen. „Oh doch. Die Tiere sind das ganze Jahr über zur Jagd freigegeben. Im Herbst werden mit Hubschraubern jede Menge Giftköder abgeworfen, die toten Tiere danach von Rangern eingesammelt. In manchen Gebieten stellen sie auch Fallen auf. Aber das scheint alles nicht auszureichen. Die Biester vermehren sich unglaublich schnell und haben selbst keine natürlichen Feinde."

Nach einer kurzen Stille erzählt Dave, dass mit den toten Possums ein völlig neuer Industriezweig geschaffen wurde: „Das Fell wird sogar als *Ecofur*, als Ökopelz, verkauft. Und erstmals in der Geschichte des WWF befürworten sogar die Naturschützer den Verkauf von Pelzmänteln. Einige Firmen haben sich auch auf den Export von Possumfleisch nach Asien spezialisiert. Angeblich soll es eine aphrodisierende Wirkung haben."

„Dann kratz' dir doch gleich mal für das nächste *BBQ* ein Tier von der Straße." Gunnar stößt Dave mit dem Ellenbogen in die Seite. *„You might need it?"* Stacey grinst.

Die hügelige Straße nähert sich langsam wieder der Küste; ab und zu gibt der Buschwald den Blick auf das glitzernde Meer frei: wilde, raue Buchten, hohe Wellen, alles ist menschenleer. „Lass uns hier abbiegen und über das Dorf zur Tölpelkolonie fahren. Dort oben von den Klippen hat man eine fantastische Aussicht!“, schlägt Dave vor und dirigiert Gunnar über eine kleine Brücke auf eine Seitenstraße. Durch Farmland, an Schaf- und Kuhweiden entlang, fahren wir ein Stück ins Landesinnere, bis die Straße in Richtung Küste auf einmal stark ansteigt. Als wir über die Kuppe kommen, taucht eine Handvoll wettergegerbter Holzhäuser vor uns auf. „Dort hinten seht ihr gleich die gesamte Sandbucht und die Tölpelkolonie; außerdem wahrscheinlich jede Menge Surfer – bei diesem Wetter!“ Stacey zeigt mit dem Finger auf das letzte Gebäude, ein kleines hellblaues Fischerhäuschen.

Gunnar bremst ab und rollt nur noch langsam weiter, sodass wir die wunderschöne Aussicht auf die Tasmanische See genießen können. Bis zum Horizont ist kein Schiff zu sehen, nur das spiegelnde, wogende Wasser.

Wir halten in einer kleinen Einbuchtung an und sehen in der Ferne, wie Surfer in einer Reihe auf die nächste große Welle warten. Auf dem weißgrauen Kalksteinfelsen haben sich unzählige Vögel versammelt. Dahinter erstreckt sich, so weit das Auge reicht, ein schwärzlicher, unendlich weiter Sandstrand und eine wilde Dünenlandschaft.

„Lass uns zum Strand hinunter fahren!“ Wir folgen der Straße den Berg hinab, die uns bis zur Küste auf einen großzügigen Parkplatz führt.

„Am besten nehmt ihr die Kinder in die Rückentragen und wir laufen zur Kolonie!“ Dave deutet auf die steil aufragenden Felsen hinter der Sandbucht. Als wir an den Fuß des Weges kommen, finden wir bereits eine Infotafel: *gannet colony*, so lautet der Name der Gelbkopftölpel. „*Muriwai* ist eine der drei Tölpelkolonien Neuseelands, in denen die Vögel auf dem Festland brüten. Bereits um 1900 hat sich hier die erste Kolonie gebildet. Offiziell sind Nistphasen der *gannets* jedoch erst seit 1975 belegt. Die Tiere leben hier von August bis etwa Mitte Februar und ziehen Ende März weiter nach Australien. Jedes Tölpelpaar legt nur ein Ei, aus welchem nach etwa 44 Tagen der Jungvogel schlüpft. Tölpel sind neunzig Zentimeter lang und können eine Flügelspannweite von bis zu 180 Zentimeter erreichen", lese ich laut vor.

„Das ist aber ganz schön groß." Ich schaue nach oben und versuche, die in der Luft umherfliegenden Vögel zu begutachten. „Von den Felsen aus hast du noch einen viel besseren Blick!" Stacey zieht mich am Ärmel und wir marschieren los. Über befestigte Holzpaneele und einen schmalen Pfad laufen wir über kleinere Hügel zur Aussichtsplattform. Sie liegt direkt gegenüber des eigentlichen, schroff aus dem Meer ragenden Tölpelfelsens. „Die kleine Insel heißt *Motutara Island*", informiert mich Stacey.

Meterhohe Wellen klatschen an den Felsen und Gischtwolken sprühen wie Fontänen in die Luft. Etwa hundert Vögel sitzen dicht nebeneinander gedrängt auf dem blanken Stein; mit ihren gelben Köpfchen und den langen Schnäbeln wirken sie geradezu anmutig. „Wenn ihr euch vorsichtig nach vorne beugt, seht ihr den Abhang hinunter einen kleinen Felsvorsprung. Auch dort richten die Tiere sich ihren Nistplatz ein, richtige Nester haben sie allerdings nicht. Und in den nächsten Monaten werden es noch viel mehr, manchmal bis zu 400 Tiere. Dann hält man den Gestank des Vogelkots kaum aus, so sehr beißt er in den Atemwegen." Tatsächlich ist fast jeder Zentimeter des schmalen Steins von den Tölpeln besetzt.

„Huch, was war denn das?" – „Bei starkem Wind sind sie richtig schnell." Stacey deutet auf ein Paar, das über unsere Köpfe hinwegsaust. „Und so nah." Elegant und ausgesprochen geschickt schnellen die Tölpel durch die Luft. „Von ‚tölpelhaftem Benehmen' kann überhaupt keine Rede sein, du Tölpel!" Gunnar schubst mich ein Stückchen zur Seite. „Man sagt auch nur Tölpel, weil die *gannets* beim Landen im Wasser etwas tölpelig aussehen." Auf Englisch versuchen wir Stacey und Dave zu erklären, dass wir das Wort Tölpel für einen ungeschickten Menschen verwenden. Gar nicht so einfach. Sie schütteln irritiert den Kopf. *„Funny language you have!"*

Der Wind ist zwar in dieser Jahreszeit noch eisig kalt, aber die Sonne wärmt schon richtig. Auf dem Weg zurück zum Strand zupft Stacey ein Flachsblatt von einem der riesigen Büsche am Wegrand ab. Geschickt zieht sie eine winzige Bahn des Blattes mit den Fingernägeln ab und hält eine lange, sehr feine Faser in der Hand: „Einige Kiwis verweben diese Flachsfasern und fertigen daraus Taschen und Kleidung. Das Material ist erstaunlich stabil. Man kann es sogar waschen." Beeindruckt nehme ich Stacey das Blatt aus der Hand und versuche selbst, ein paar Fasern abzulösen. Bei mir ringeln sich die Streifen nur wie ein Geschenkband und reißen nach wenigen Zentimetern ab.

Einige Kitesurfer springen über die Wellen und ein mit Segel bestücktes Kettcar saust zwischen den Dünen hin und her. Kurz bevor der Weg wieder zurück an den Strand führt, werden wir auf ein paar riesige Felsbrocken im Meer aufmerksam. Mit Getose klatschen die Wellen auf die Plattform, welche die Gezeiten in den Stein geformt haben.

„Hier unten muss irgendwo ein Gegensog ins Meer sein. Passt mal auf, wenn die Brandung kommt." Dave zeigt auf ein Loch in der Mitte des größten Felsen. Mit der folgenden Welle dringt eine Sturzflut an Wasser in das ausgehöhlte Gestein und schießt keine zehn Sekunden später als gut zehn Meter hohe Fontäne wieder in die Luft, wirbelt eine Gischtwolke auf und fällt dann klatschend zurück auf den Felsen. Die gesamte Küstenlinie hüllt sich für einen Moment in eine weiße Dunstwolke ein, die in allen Regenbogenfarben in der Sonne schillert. Wir werden von Kopf bis Fuß wie mit einer feinen Düse abgeduscht. „Uah, nass! Spätestens jetzt bin ich sauber." Stacey schüttelt sich und feine Tröpfchen fliegen von ihren Haaren und ihrer Nase in alle Richtungen.

Nach der Tour lüften wir erst einmal unsere heiß gelaufenen Füße. Das Meer ist jetzt im August immer noch eisig. Vorsichtig waten wir im seichten Wasser. Es sticht wie tausend Nadeln und die Zehen sind binnen Sekunden krebsrot.

Die Sonne hat den schwarzen Sand aufgeheizt und so wärmen wir uns die Füße beim Laufen wieder auf. Die Westküste ist dafür bekannt, dass hinter dem Strand und den einzelnen Buchten eine schroffe, mit Buschwald bewachsene Steilküste aufragt, die oft mehrere hundert Meter hoch ist. Durch die häufigen Regenfälle ist die Vegetation sehr üppig. Liliengewächse und Farne überwuchern selbst die überhängenden Klippen; kahle oder felsige Stellen gibt es nicht. Richtung Norden, jenseits des Tölpelfelsens, trennen zum Teil nur ein paar niedrige Dünen den Strand vom Hinterland. Dieser Küstenabschnitt eignet sich nicht so gut zum Baden, aber er ist ein Eldorado für die Surfer.

„Kennt ihr *Crowded House?*", fragt Dave.

„Ja, natürlich."

„In Neuseeland sind sie Musikikonen. Der Sänger Neil Finn hat ein Wochenendhaus direkt am Strand in *Piha*, eine Bucht weiter südlich." Er wendet sich mir zu.

„Habt ihr ihn schon mal gesehen?", frage ich neugierig. „Klar. Er ist regelmäßig zum Surfen dort. *Piha* ist einer der besten Surfstrände Neuseelands. Entweder er ist auf seinem Brett unterwegs oder im *beachstore* beim Einkaufen."

Wir gehen zwischen den mit Dünengras bewachsenen Sandhügeln spazieren und laufen dann in einem Bogen über eine Schafweide zurück zum Parkplatz.

Da es erst früher Nachmittag ist, beschließen wir, auf dem Rückweg noch einmal zu halten. „Der *Fairy Falls Track* ist genauso schön wie sein Name!" Stacey kommt ins Schwärmen. „Der ganze Rundweg dauert zwar mindestens drei Stunden, mit den Kindern auf dem Rücken vermutlich sogar noch länger. Aber ich kenne eine nette Abkürzung zum Wasserfall und zurück. Seid ihr noch fit?" – „Klar, oder Schatz?"

Gunnar sieht mich an: „Natürlich."

Wir parken das Auto zwanzig Minuten später in einer kleinen Einbuchtung neben der Straße. Der Wald schillert in den verschiedensten Grüntönen, es duftet angenehm nach Moos und feuchter Erde.

Eine für Neuseeland typische Mischung aus Farn-, Laub- und Nadelhölzern bildet ein dichtes Blätterdach. Aber ganz anders als in deutschen Wäldern ist auch der Boden dicht bewachsen. Umgeben von jeder Menge Buschwerk, das bis in die Wipfel reicht, marschieren wir auf dem schmalen, angelegten Trampelpfad los. Ich betrachte jeden Baum, kann mich an den vielen fremdartigen Blättern und Beeren kaum satt sehen. Viele der Sträucher sind Hartlaubgewächse und immer grün. „Habt ihr das gehört?" Dave deutet nach oben in einen *cabbage tree*. „Das war ein sogenannter *bellbird*. Hört sich an wie eine Glocke, daher der Name." – „Dieser krächzende Gesang?", frage ich verwundert. „Nein, das war ein *tui*. Leider gibt es von ihnen nicht mehr allzu viele; sie sind etwa so groß wie Amseln, haben aber eine Art weißen Beutel an der Kehle und glänzendes Gefieder." Wir bleiben stehen und lauschen dem unbekannten Gesang der Vögel. „Der *tui* ist der einzige Vogel, der mehrstimmig singen kann." Dave pfeift, krächzt, pfeift dann wieder und versucht, die Laute des *tui* nachzuahmen. „Sehr schön, *Sweety*. Kannst du mir das nicht jeden Abend vorsingen?", zieht Stacey ihn auf.

Je mehr wir uns dem gleichmäßigen Rauschen des Wasserfalls nähern, desto steiler fällt der Weg ab. Ich fühle mich wie inmitten eines verwunschenen Märchenwaldes. Nikaupalmen säumen den Pfad und die großen neuseeländischen Silberfarnblätter wippen im Wind.

Wir gelangen an den Fluss und stehen plötzlich vor einem riesigen Kauribaum, dem neuseeländischen Urwaldriesen. Seine winzigen Blätter sehen eher aus wie Nadeln.

„Kauris gehören zu den größten Bäumen der Welt. Sie können bis zu fünfzig Meter hoch werden und einen Umfang von ungefähr 16 Metern erreichen. Das ist schon beachtlich." Dave deutet in die Baumkrone, die weit über den anderen Bäumen thront. „Laut einer Maorilegende ist der Kauri der Urvater aller Bäume", ergänzt Stacey und erzählt, dass Maori vielen Kauribäumen Namen geben, wie Menschen. *„Tane Mahuta,* der wichtigste, ist der König des Waldes und über 1.500 Jahre alt. Er steht im *Waipoua Forest* nördlich von Auckland. Leider liefert der Kauri hervorragendes Holz für die Schiffs- und Möbelindustrie. Deshalb wurden die Wälder im letzten Jahrhundert stark dezimiert. Mittlerweile ist er geschützt und darf nicht mehr gerodet werden", erklärt Dave. Ehrfürchtig schaue ich an dem dicken Stamm empor. „Was dieses gigantische Exemplar über die Jahrhunderte hinweg wohl schon alles gesehen und erlebt hat?", überlege ich und werde ganz sentimental.

Ein merkwürdiges Flattern in den Wipfeln der Bäume

durchdringt das Rauschen des Wasserfalls. Zwei riesige Vögel mit weißer Brust, buntem Gefieder am Hals und rotem Schnabel fliegen quer über die Lichtung ins Dickicht. „Das waren turtelnde Waldtauben, sogenannte *Kererus*", klärt uns Stacey auf. „Ich habe immer das Gefühl, sie stürzen beim Fliegen gleich ab, weil sie so schwer sind."

„Ihr Flügelschlag klingt wie ein herannahender Helikopter", bestätigt Dave und hält dann inne. „Leider sind auch sie selten geworden und stehen unter Naturschutz."

Wenige Meter weiter kommen wir zu den etwa 15 Meter hohen *Fairy Falls*. Es ist beeindruckend, wie die Naturgewalt die Wassermassen so bewegt, dass sie über die Zeit solche wunderschönen Gesteine formen. Nachdenklich laufe ich über die Brücke auf die andere Seite des Wasserfalls. Über bemooste Steine rauscht eine Sturzflut. Ein dicker, an einem Felsvorsprung hängengebliebener Ast lässt das Wasser in alle Richtungen spritzen und am Rand über Farne und prachtvolle Liliengewächse plätschern. „Passt auf, jetzt wird es ein bisschen glitschig", warnt Dave, nimmt erst Staceys Hand und hilft dann mir über die rutschigen Felsen. Am Fuß des Wasserfalls müssen wir den Bach überqueren und über Äste, bemooste Steine und nassen blanken Fels balancieren.

„Wo führst du uns hin?", mimt Gunnar den Besorgten. „Nur an die schönsten Ecken!", antwortet Dave. „So, das war der leichte Teil des Weges. Jetzt nehmen wir meine Abkürzung!"

Leichtfüßig, fast im Joggingtempo, läuft Dave den Steilhang hinauf. Mir geht schon nach wenigen Metern die Puste aus und auch Gunnar bleibt kurz darauf hechelnd stehen. „Na, was ist denn mit den beiden los?", ruft Dave Stacey hinterher, die ebenfalls flink wie ein Reh durch das Dickicht den Berg hinaufläuft. Sie lacht. „Schon lange keinen Sport mehr gemacht, oder?" Gunnar und ich sehen uns an. In Neuseeland begegnet man oft übergewichtigen Menschen, durchaus mehr als in Deutschland. Auf der anderen Seite gibt es aber auch viele extrem Sportliche und Fitte – dazwischen existiert fast nichts. Stacey und Dave gehören zweifellos der fitten Kategorie an, soviel ist sicher. In Neuseeland wird viel mehr Sport getrieben: Joggen in den frühen Morgenstunden, Paddeln, Wandern, Schwimmen im zehn Grad kalten Meer, Surfen, Rugby. Es gibt unzählige Mountainbikerouten und Kajakclubs und sogar Crickettraining für Grundschüler.

„Und ich dachte immer, wir sind fit", keuche ich noch immer völlig außer Atem. In Zeitlupe quälen wir uns den Hang hinauf. Als wir Stacey und Dave eingeholt haben, brauche ich erst einmal eine Verschnaufpause.

„Das ist ja eine tolle Abkürzung, Dave!" Gunnar ist genervt.

„Na ja, ihr habt eine Entschuldigung, denn mit den Kindern auf dem Rücken seid ihr entschieden im Nachteil!", versucht Stacey uns aufzubauen.

„Ihr Kiwis mit euren Extremsportarten und völlig verrückten ‚Wir-Schwimmen-im-Winter-quer-durchs-Meer-auf-eine-Insel-und-zurück-Wettkämpfen'. Da kann der Durchschnittseuropäer natürlich nicht mithalten." Ich versuche eine Ausrede zu finden. Immer noch völlig außer Puste ruhe ich mich auf einem Baumstamm aus.

Abseits der Wege ist das Flechtwerk aus Farnen, Palmen, Luftwurzeln und Schlingpflanzen jetzt noch dichter. Fremdartige Ranken schlängeln sich die Baumstämme hinauf. Oft muss ich genau hinsehen, um überhaupt zu erkennen, welches der eigentliche Baum ist und welche fünf weiteren Pflanzen den Stamm, die Zweige oder die Astgabeln besiedeln. Schleppenden Schrittes steigen wir noch einige Minuten den Berg hinauf. Plötzlich wird es heller und durch ein Blättertor gelangen wir unter freien Himmel. Unser Auto steht nur wenige Meter entfernt. Wanderwege sind in Neuseeland zwar wirklich gut beschildert, auf eigene Faust würde ich eine solche Abkürzung allerdings nie finden. Wahrscheinlich würde ich mich ganz einfach heillos verlaufen.

Wir lassen den wunderschönen Tag in einem gemütlichen Restaurant ausklingen. Hinter den *Ranges* versinkt langsam die Sonne. In einer Ecke des Raumes knistert ein Feuer im offenen Kamin. Die Wärme tut uns gut, binnen weniger Minuten haben wir alle rote Backen. Eingehüllt von der Stille und der Dunkelheit des Busches, fühle ich auf einmal eine Entspanntheit, eine gänzliche innere Ruhe.

„Vielen Dank euch beiden. *We had such a lovely day!*" Gunnar prostet Stacey und Dave zu.

Ganz in der Ferne strahlt die Skyline von Auckland. Die Millionenmetropole hat tatsächlich auch ganz andere Facetten. Toby und Karen hatten recht: *„Auckland is nice without Auckland."*

September – Sie kommen ...

„HALLO, HIER IST DIE SIGI!", flötet meine Schwiegermutter in den Telefonhörer. Sie ist wirklich eine ganz besondere Frau: entschlossen, hilfsbereit und immer gut gelaunt. Wir haben uns von Anfang an gut verstanden. Das ist wahrscheinlich auch der Grund, warum mich bei jedem Gedanken an sie das schlechte Gewissen packt. Gunnars Eltern Siegrid und Hermann haben lange auf Enkelkinder gewartet und nun, wo Mia und Amy da sind, wandern wir nach Neuseeland aus. „Ich habe gestern lange mit Hermann gesprochen und ihn zu einem kleinen Abenteuer überredet. Was würdet ihr sagen, wenn wir euch besuchen kommen?", dringt es aus dem Hörer. Ich halte kurz inne. „Das ... das wäre fantastisch!", versuche ich meine Euphorie zu zügeln.

Damit habe ich nicht gerechnet. Ein Besuch der beiden war zwar schon öfter im Gespräch, Hermann hatte die Strapazen des langen Fluges jedoch stets abgelehnt. Nach dem kurzen Telefonat merke ich, dass ich vor Aufregung schwitzige Hände habe.

Sofort mache ich mich auf die Suche nach günstigen Flügen: Emirates, Air New Zealand, Singapore Airlines, Korean Air, KLM, Eva Airways. Ich gehe sämtliche Fluggesellschaften durch, die Flugverbindungen nach Neuseeland anbieten.

28 bis 36 Stunden werden die beiden unterwegs sein. Das ist in ihrem Alter natürlich kein Zuckerschlecken. Bald stoße ich auf eine günstige Verbindung mit der Ko-

rean Air: 1.020 Euro inklusive aller Steuern und Gebühren pro Person. Das ist wirklich ein Schnäppchen! Der Abflug wäre allerdings schon in eineinhalb Wochen. Das ist ihnen bestimmt zu kurzfristig. Meine Schwiegereltern sind schließlich keine Zwanzig mehr, schießt es mir durch den Kopf. Doch je später der Abflug liegt, desto teurer werden die Preise. Das ist nicht verwunderlich, denn dann wird es in Neuseeland Sommer und über Weihnachten möchten viele Deutsche in die Sonne fliegen. Da sind die günstigen Kategorien schon ausgebucht.

Ich überlege hin und her, komme aber zu keinem Ergebnis.

Als Gunnar abends von der Arbeit nach Hause kommt und ich ihm die Neuigkeiten überbringe, ist er völlig aus dem Häuschen und kann es kaum erwarten, seine Eltern anzurufen. Völlig aufgekratzt berichtet er ihnen kurz darauf von dem Billigflugangebot. Es folgt eine kurze Stille, dann ruft er mir entgegen: „Sie kommen!"

Wir warten nun schon seit über einer Stunde im *Arrival Terminal* des *Auckland Airport*. Es herrscht Hochbetrieb. Mit Koffern, Taschen und Surfbrettern beladene Fluggäste schieben sich an uns vorbei. „Kannst du sie schon sehen?", frage ich Gunnar, der vor mir an der Absperrung steht. „Noch keine Spur. Hoffentlich ist alles gut gegangen!"

Der Zoll ist streng. Vor allem das *Ministry of Agriculture and Forestry* (MAF) ist bekannt dafür, unzählige Koffer und Taschen auspacken zu lassen. Gesucht wird nach tierischen Produkten, Erde, Pflanzensamen und Essensresten. Kurzum: nach allem, was eine Seuche, Schädlinge oder Krankheiten ins Land schleppen könnte. Und plötzlich denke ich besorgt: „Hätten wir meine Schwiegereltern besser darauf vorbereiten sollen?" Sie dürfen keine Äpfel im Rucksack haben, deren Kerne hier wie radioaktives Material behandelt werden. Oder Gummistiefel, an deren Sohlen noch Erde von der letzten Gartenarbeit hängt. Die große Angst der Kiwis: Eine eingeschleppte neue Pflanzenspezies könnte das ökologische Gleichgewicht ruinieren und einheimische Pflanzen ausrotten. Gunnar scheint das Gleiche zu beschäftigen: „Hoffentlich hat meine Mutter keine selbst gebackenen Kekse, Tee oder eingekochte Marmelade für uns eingepackt. Dann muss sie auch die Koffer aufmachen."

Mia und Amy werden ungeduldig, sie verstehen nicht, warum wir so lange warten müssen. Gelangweilt spielen sie mit dem Stoffbanner *„Welcome to New Zealand"*, das wir gestern noch in aller Eile gebastelt haben.

„Da sind sie!" Gunnar entdeckt seine Mutter und winkt wild mit beiden Armen. „Endlich habt ihr es geschafft! Es ist so schön, dass ihr da seid!" Gunnar schließt seine Eltern nach einem dreiviertel Jahr fest in die Arme. „Wie war euer Flug?" – „Lang, aber auszuhalten. Nur die Ankunft hier war etwas turbulent. Stellt euch vor, bei der Gepäckkontrolle wurden erst einmal unsere Wanderschuhe konfisziert."

„War etwa noch alte Erde an den Sohlen?" Mir schwant Unangenehmes. „Und hattet ihr sonst noch Obst, Salami oder Milch dabei? Das ist alles verboten."

„Nein, die Sachen haben wir vorher gegessen oder weggeworfen", beruhigt mich mein Schwiegervater. „Ich habe auf dem Ankunftsformular angekreuzt, dass wir Wanderschuhe im Gepäck haben. Neben den Lebensmitteln mussten wir auch angeben, ob wir beispielsweise Zelte, sonstiges Camping-Equipment, Fahrräder oder Angelsachen dabei haben. Das war wahrscheinlich der Grund." – „Und jetzt? Habt ihr sie wiederbekommen?" Gunnar macht ein ernstes Gesicht.

„Ja, die Beamten haben die Schuhe ganz schnell zurückgebracht – und zwar geputzt, poliert und sogar eingesprüht. So sauber waren sie noch nicht einmal beim Kauf!“ Hermann lacht. „Das nächste Mal bringe ich alle meine dreckigen Schuhe mit und lasse sie umsonst reinigen!“ Gunnar winkt erleichtert ab.

Da Neuseeland ein Inselstaat ist, versuchen die Behörden an den Airports, den Schiffsanlegestellen und in den Containerhäfen alles nur Erdenkliche zu tun, um ihre Natur vor fremden schädlichen Einflüssen zu schützen. Doch selbst die schärfsten Kontrollen konnten nicht verhindern, dass sich eine neuartige Süßwasseralge namens *Didymo* rasant in allen Flüssen ausbreitet. Die Pflanze wurde vermutlich mit einem Boot eingeschleppt und verpestet inzwischen die Gewässer in halb Neuseeland.

Für mich ist es ein ganz merkwürdiges Gefühl, in unserer neuen Wahlheimat auf einmal Familie um mich zu haben – ungewohnt, aber sehr schön! Den langen Flug stecken die Schwiegereltern trotz ihres Alters erstaunlich gut weg. Schon nach ein paar Tagen wollen wir mit ihnen zu einer kleinen Tour über die Nordinsel aufbrechen. Endlich jemandem zu zeigen, warum wir das Land so lieben, mit Menschen, die uns nahestehen, das zu teilen, was uns so viel bedeutet, darauf freue ich mich am meisten!

Unser erstes Ziel ist die *Coromandel*-Halbinsel, die nur eineinhalb Autostunden östlich von Auckland liegt. Die Reise führt uns durch hügeliges Farmland, Neuseeland, wie man es aus Büchern kennt. Besonders die terrassierten Hänge haben es meiner Schwiegermutter angetan. „Sie sind durch die Schafhaltung entstanden“, erklärt Gunnar seinen Eltern. „Die Abstufungen sind die Trampelpfade der Tiere, sie sind Jahrhunderte alt.“

Hermann interessiert sich eher dafür, wie in Neuseeland der Alltag funktioniert: „Wie habt ihr denn euer Auto versichert?" – „Man muss sein Fahrzeug hier nicht versichern; auch eine Krankenversicherung ist keine Pflicht. Bei Unfällen zahlt die staatliche Versicherung", erkläre ich den Schwiegereltern. Hermann nickt stirnrunzelnd mit dem Kopf, doch ehe er etwas erwidern kann, führt Gunnar fort: „Wir haben unser Auto trotzdem freiwillig versichert – nur für alle Fälle. Und eine private Krankenversicherung haben wir auch abgeschlossen." Gunnar weiß genau, dass sich sein Vater über solche Dinge Sorgen macht. „In Neuseeland gibt es bei Weitem nicht so viele Paragrafen und Vorschriften. Will man zum Beispiel ein Motorboot fahren, braucht man nicht einmal einen Führerschein. Es wird einfach viel mehr Eigenverantwortung vorausgesetzt – auch was die Altersvorsorge anbelangt."

Auf der *Coromandel*-Halbinsel angekommen, schlängeln wir uns den *Pacific Cost Highway* entlang in Richtung *Thames*. Die malerische Westküste säumen unzählige Palmen und Baumfarne. Rechts von uns ragt steil eine mit dichtem Urwald bewachsene Bergkette empor. „Ihr habt uns nicht zuviel versprochen. Es ist wunderschön!", staunt mein Schwiegervater. 400 Kilometer lang zieht sich die Küste der Halbinsel.

„Unser erster Stopp ist *Coromandel Town*, ein wunderschönes Örtchen aus der Goldgräberzeit", erklärt Gunnar und spielt den Reiseführer.

Coromandel Town ist winzig. Die stilvoll restaurierten Holzhäuser der Hauptstraße erinnern an eine Westernstadt. 1852 fanden einige Siedler Gold im *Driving Creek* und lösten einen Goldrausch aus.

„Hast du schon ein Motel gesehen?", ruft Gunnar nach hinten. „Ja, am Ortseingang war ein Schild. Bieg die nächste Straße rechts ab.“ An der Rezeption erkundigt sich Gunnar nach einer *family unit*: zwei Schlafzimmer, Küche, Bad.

„Wenn er mit einem Paket Milch wiederkommt, ist noch ein Apartment frei“, erkläre ich Sigi und Hermann, die mich verdutzt ansehen.

„Im Motel sind Tee, Kaffee, Zucker und frische Milch immer inklusive“, erkläre ich. Schon wenige Minuten später steht Gunnar tatsächlich mit Zimmerschlüssel und Milchpaket vor dem Auto.

Noch am Abend buchen wir eine Goldgräbertour für den nächsten Tag: *„Let Roy show you the heart of Coromandel!“*, verspricht der Anbieter.

„What goes up, must go down“, ruft uns der Mann mit den strubbeligen Haaren und dem grauen Vollbart lachend über die Schulter zu. Er jagt sein kleines Amphibienfahrzeug mit Vollgas den ausgewaschenen Steilhang hinunter. Es macht ihm sichtlich Spaß, uns den Angstschweiß auf die Stirn zu treiben. Roy ist ein Kiwi-Urgestein, gemütlich und mit einem ganz speziellen Humor. Unter dem ausgebeulten T-Shirt wölbt sich ein kleiner Bierbauch, die Jogginghose hat schon bessere Tage gesehen und ist außerdem einige Nummern zu klein. Roys abenteuerliches Gefährt ist nicht einmal so groß wie ein Smart und gleicht irgendwie einem umgebauten Cabriopanzer. „Ist das von der Armee?“, will mein Schwiegervater wissen. *„Oh no, it's just a big boys toy!“*, erwidert Roy und lacht.

In ungeheurem Tempo walzen wir über Äste und Schlammlöcher hinweg und legen schließlich mitten in einem Fluss den ersten Stopp ein: „Der Wald wurde vor etwa siebzig Jahren angepflanzt, zur Holzgewinnung“, erklärt unser Führer. „Aber die Bäume wachsen auf ehemaligem Weideland. Und das hat damals keiner so recht bedacht. Durch den vielen Dung in der Erde haben die Bäume zu viele Äste, was wiederum schlecht ist für die Holzverarbeitung: zu viele Astlöcher."

Der Motor heult auf, und als wir über die nächste Kuppe fliegen, wird Hermann blass. Meine Schwiegermutter, mein Mann und ich werden hinten auf zwei einfachen Sitzbrettern durchgeschüttelt. Zum Glück haben wir die Kinder in den Rückentragen sicher zwischen unsere Knie geklemmt. Der Weg wird schmaler, vorbeischnellende Äste streifen uns und hinterlassen ihre Spuren auf der Haut.

Dann liegt auf einmal ein Steilhang vor uns, dessen lehmiger Boden vom Regen der vorherigen Tage rutschig ist. Geschickt manövriert Roy uns zwischen den ausgewaschenen Löchern den Berg hinauf. Ich klammere mich an den Stahlrahmen des Gefährts und sehe in den Augenwinkeln, dass auch Gunnars Fingerknöchel weiß hervortreten. Plötzlich ein Ruck. Das Fahrzeug rutscht auf einmal gute zwei Meter den Hang hinab. Mir bleibt fast das Herz stehen. „Könnt ihr für einen Moment aussteigen und ein Stück laufen?" Roy scheint völlig unbekümmert. „Das ist ein guter Witz", denke ich noch und bringe ein gequältes Lächeln hervor. Links und rechts des Pfades geht es steil bergab. „Ob die Äste und Stämme das schwere Gefährt auffangen, wenn wir abrutschen?", frage ich mich. Dann steigt Gunnar tatsächlich aus und langsam dämmert mir, dass Roys Aufforderung gar kein Scherz war. Auch Sigi und ich klettern ungeschickt über die Seitenwände des Amphibienfahrzeugs. Gunnar und ich schnallen Mia und Amy in die Tragen auf den Rücken. Der Aufstieg wird zur Rutschpartie. In den viel zu großen Gummistiefeln, die Roy uns gegeben hat, versuche ich mich auf allen Vieren Stück für Stück den steilen Pfad hochzuarbeiten. Unser Führer kämpft einige Meter vor mir mit seinem röhrenden Minipanzer. „Hätte heute Morgen doch die Ketten aufziehen sollen!", brüllt er über die Schulter zurück.

Auch Hermann kommt nur schwer voran und hangelt sich mühsam von Ast zu Ast. Roy versucht immer noch, seinen Cabriopanzer unter Kontrolle zu bringen. Die Stimmung ist nun deutlich angespannt. Was, wenn das Gefährt ins Rutschen gerät und auf uns stürzt? Zum Glück erreichen wir einige Minuten später sicher die Bergkuppe und können wieder einsteigen. Wir atmen alle erst einmal tief durch.

Um die Stimmung wieder aufzulockern, hält Roy schon nach wenigen Metern an und bemüht sich nun ganz besonders. „Diesen Strauch hier nennen wir *bushman's friend.*" Ich befühle eines der dicken, etwa handgroßen, mit weißen Härchen bestückten Blätter. „Die Goldgräber benutzten sie als Toilettenpapier", erklärt er und meint zu Gunnar gewandt: *„You wanna give it a go?"* – *„No thanks"*, antwortet mein Mann und lacht. Schnell ist die Anspannung wieder vergessen.

Unerwartet öffnet sich der Wald und gibt den Blick auf das Meer frei. Vom Bergrücken aus haben wir jetzt eine wunderschöne Aussicht auf die sonnengetränkten Buchten von *Coromandel*.

„Früher gehörte das ganze Gebiet einem Maori-Häuptling." Roy führt uns in die Geschichte seiner Heimat ein. „Doch nicht von Anfang an. Um die Ländereien in seinen Besitz zu bringen, heiratete er einfach alle Töchter der verfeindeten Stämme und machte sich so halb *Coromandel* zu eigen."

„Clever, der Mann", erwidert mein Schwiegervater nun auch wieder sichtlich entspannter. „In der Maori-Mythologie geht die Entstehung des Universums nicht auf Gott zurück, sondern auf die Vereinigung von *Rangi* und *Papa*,

Vater Himmel und Mutter Erde", berichtet Roy weiter. „Und die beiden waren es, die dann die Götter und alle anderen Lebewesen hervorbrachten." Er hat sichtlich Spaß an seiner Lehrstunde.

„Der bekannteste Held der Maori ist *Maui*. In den Legenden ist er selbst ein Halbgott und wurde besonders für seine spektakulären Heldentaten bewundert. So soll er zum Beispiel die Sonne besiegt und sie gezwungen haben, langsamer zu ziehen, damit die Menschen ihr Tagewerk zu Ende bringen konnten. Außerdem stahl er den Göttern das Feuer und brachte es den Menschen. Selbst in verschiedene Tiere konnte er sich verwandeln. Um seinen Vater in der Unterwelt zu finden, nahm er einmal die Gestalt einer Taube an. Deshalb sind die *Kererus*, unsere Waldtauben, für die Maori auch von besonderer Bedeutung. Der Legende nach geht auch die Entstehung Neuseelands auf *Maui* zurück. Mit einem Angelhaken aus dem Kieferknochen eines Ahnen und seinem Blut als Köder fing er einen großen Fisch, der zur Nordinsel wurde. Sein Kanu selbst wurde später zur Südinsel und heißt deshalb auf Maori auch *Te Waka a Maui*, das Kanu von Maui", beendet Roy seinen Vortrag.

Wir lassen uns wieder durchschütteln, bergauf, bergab. Roy zeigt uns ehemalige Grubeneinstiege im Boden, die heute völlig unter Blattwerk versteckt sind. „Hier ist einmal ein Motocrossfahrer hineingestürzt, dort drüben hat sich das Pferd eines guten Freundes verletzt. Diese Schächte sind wirklich gefährlich, weil niemand genau weiß, wo sie liegen, und es darüber auch keine Aufzeichnungen gibt." Als wir schon fast vergessen haben, dass wir eigentlich die Spuren der alten Goldgräber suchen, tauchen plötzlich zwei Mineneingänge vor uns auf. *„Watch your heads!"*, warnt uns Roy. Die Tunnelöffnungen sind winzig.

Gebückt klettern wir im Gänsemarsch durch die schmalen Einstiege ins Innere der Miene. „Hier wurde vor sechzig Jahren noch von Hand Gold aus dem Fels geschlagen." Roys Stimme hallt durch die Schächte. „Seht ihr dort oben die verschiedenen Goldadern? Sie verlaufen deutlich sichtbar im Gestein." Er leuchtet mit der Taschenlampe die Grubenwände entlang. „Dieses Gebiet hier ist bis heute eine wahre Goldgrube. Manchmal gehe ich am Wochenende selber schürfen, um mir zu meiner Rente ein bisschen etwas dazuzuverdienen. Ich entdecke immer wieder neue Schächte und Eingänge im Wald", verrät er hinter vorgehaltener Hand. „Aber wo das genau ist, das bleibt mein Geheimnis." Roy grinst. Im Schein der Taschenlampe sehe ich für Sekunden einen Schwarm Rieseninsekten an der Wand sitzen. *Wetas* können so schwer werden wie drei Mäuse, und wenn sie auch harmlos sind, so sind sie doch alles andere als ansehnlich. Wenn eines der Tiere auf Gunnar springt, verfällt er mit seiner Insektenphobie gänzlich in Panik, wird mir bewusst. Ich schweige und hoffe, dass mein Mann nichts davon bemerkt. „Sorry, ich muss hier raus!", ruft er jedoch schon ein paar Sekunden später, bleibt vor Schreck aber erst einmal wie gelähmt stehen. Eigentlich wollte Roy uns noch mehr Gänge und die Glühwürmchen an der Decke zeigen, doch Gunnar lässt sich nicht beruhigen. Also drehen wir um und klettern einer nach dem anderen rückwärts wieder durch den schmalen Ausgang ans Tageslicht. Erst als wir wieder unter blauem Himmel stehen, atmet mein Mann auf und ich muss ihn von Kopf bis Fuß auf *Wetas* absuchen.

Mit einer Machete bahnt uns der Kiwi einen Weg durch das Dickicht zu einem Bach. „Das brauchen wir gleich noch." Er hält eine schmierige weiße Plastiktüte hoch. In unseren Gummistiefeln waten wir durch kristallklares Wasser, jedes noch so kleine Steinchen am Boden ist zu erkennen. Auf einmal hält Roy inne, holt ein Stückchen stinkenden Fisch aus seiner Tüte und wirft ihn ins seichte Wasser.

„Jetzt passt mal auf!" Wir schauen stromabwärts. Ich traue meinen Augen nicht. Ein riesiger Aal windet sich über die aus dem Wasser ragenden Steine den Bach hinauf – dick wie ein Arm und einen Meter lang. „Aale haben einen sehr ausgeprägten Geruchssinn. Darf ich vorstellen, mein Freund Siegfried!" Roy nimmt den glitschigen Fisch auf den Arm und tätschelt ihn liebevoll mit der Hand. „Uuh!", rutscht es mir heraus. „Kann ich ihn auch mal halten?" Gunnar versucht, den Aal hochzunehmen, doch er flutscht ihm immer wieder aus der Hand.

Nach drei aufregenden Stunden und jeder Menge Fotos in der Kamera setzt uns Roy wieder vor unserem Motel ab. Für mich war die Tour eher ein Adrenalinrausch als ein Goldrausch.

Am nächsten Tag fahren wir über *Port Jackson* hinüber an die Ostküste *Coromandels*, wo sich eine goldene Sandbucht an die nächste reiht. „Das sieht ja aus wie in den Tropen." Meine Schwiegereltern kommen aus dem Schwärmen gar nicht mehr heraus, und ich bin auf einmal richtig stolz auf meine neue Heimat. Noch bis spät in den Abend fahren wir weiter nach *Rotorua*, die Hochburg der Maori-Kultur und der geothermischen Aktivität.

Am nächsten Morgen steht eine Besichtigung des inmitten blubbernder Schlammlöcher und heißer Quellen liegenden Maori-Dorfes *Whakarewarewa* auf dem Programm. An jeder Straßenecke raucht und qualmt es. Schon weit vor dem Ortsschild stinkt es nach faulen Eiern – Schwefel. Seit über 200 Jahren wohnen hier die

Angehörigen des Stammes *Ngati Wahiao* im Einklang mit ihren Jahrhunderte alten Traditionen. Wie alle anderen Neuseeländer gehen sie dabei aber ganz gewöhnlichen Jobs nach.

„Kia Ora!" – „Herzlich Willkommen!", werden wir wenig später freundlich auf Maori begrüßt. Huhana, unsere Führerin, ist schlank, hat ein schmales Gesicht und sieht gar nicht wie eine typische Maori aus. Nur die platte Nase, auf der eine verspiegelte Sonnenbrille sitzt, und ihre pechschwarzen dicken Haare deuten auf die polynesische Herkunft hin.

Sie führt uns durch ihr Dorf und erklärt, wie die Maori sich die Kräfte der Natur zunutze machen. „In diesem natürlichen Ofen garen wir das *Hangi*, unser traditionelles Essen", erklärt sie, als wir uns einem dampfenden Erdloch nähern, das mit einem großen Stein abgedeckt ist. „Bevor wir morgens zur Arbeit gehen, packen wir Hühnchen, Gemüse und manchmal auch Pudding in Kisten, decken es mit Steinen ab und lassen es dann im natürlichen, heißen Dampf garen. Wenn wir am Spätnachmittag von der Arbeit nach Hause kommen, ist unser Essen fertig."

„Jede unserer Quellen, jeder Pool, jeder Dampfkessel trägt einen Maori-Namen. Sie sind benannt nach Vorfahren, nach Ereignissen oder Legenden. Unseren ‚Hauptgarungsofen' nennen wir zum Beispiel *Parekohuru*, während wir Maiskolben auch einmal schnell im Mineralpool kochen." Sie deutet auf einen kleinen Teich mit sehr klarem Wasser. Gelbe, blaue, weiße und grüne Kristalle lagern sich auf dem Boden ab und leuchten wie in einem Ölgemälde. Überall dampft, brodelt, blubbert und pfeift es. Der Schwefel hinterlässt sinterterrassenartige Gebilde neben den Hauptwasserbecken. Wir wandern weiter und gelangen bald zu einem größeren Mineralpool. „Er dient den Bewohnern hier am Wochenende als Gemeinschaftsbad und ist nicht ganz so heiß wie die anderen." Zu Fuß passieren wir Wasch- und Wohnhäuser, die mit filigranen Schnitzereien und kunstvollen Malereien verziert sind. „Das ist unser *Marae*, das Versammlungshaus und Herzstück des Dorfes. Wir nennen es *Whare Tupuna*", erklärt sie. Vor dem Betreten müssen wir unsere Schuhe ausziehen.

Die Hauptsäule stellt einen Krieger mit einem großen Phallus dar. Er hat die Augen weit aufgerissen und streckt die Zunge heraus. „An diesem Ort werden Traditionen, Sprache, Kultur und Historie unseres Stammes von Generation zu Generation weitergegeben. Wir sind sehr stolz auf unser Kulturgut!" Meine Schwiegermutter ist beeindruckt: „Es ist kaum zu glauben, dass selbst die jungen Leute heute noch nach diesen Traditionen leben."

Bevor wir den spektakulären *Pohutu Geysir* sehen, lotst uns Huhana in einen Vorführraum, der einem kleinen *Marae* gleicht. „Hier findet in wenigen Minuten unsere traditionelle Tanzshow statt. Nehmt Platz, ich hole euch nachher wieder ab."

Als die ersten Tänzer kurz darauf in ihrer Tracht auf die Bühne kommen, sind sogar Mia und Amy still und sehen wie gebannt zu. Die Röckchen und Oberteile der Frauen sind mit schwarzen und roten Fransen behangen und mit Maori-Ornamenten bestickt. Die Männer tanzen mit nacktem Oberkörper, tragen lediglich Lendenschurze. *„Haere Mai, haere mai", „Welcome!"* Mit kräftigen, durchdringenden Stimmen singen sie auf Maori von ihrer Herkunft aus *Hawaiki*, von Urahnen, großen Kriegern und Stammesritualen.

Natürlich bekommen wir auch einen echten *Haka* zu sehen. Bei dem weltberühmten Kriegstanz strecken die Maori die Zunge heraus, schlagen sich mit Geschrei die

Fäuste auf die Brust und reißen die Augen weit auf. Ihre Feinde sollte dies das Fürchten lehren. Elegant führen die Männer das traditionelle Kampfwerkzeug *Taiaha* vor dem nackten Oberkörper, so wie die Krieger es seit Generationen praktizieren. Im Takt der Musik schwingen Frauen und Kinder geschickt ihre *Pois*, rote Bälle an Fäden, durch die Luft. Mit einem donnernden Applaus ist die beeindruckende Vorstellung zu Ende.

Unsere Führung geht weiter zum Friedhof, wo es selbst aus den Grabsteinen raucht. Auf dem Weg liegen eine Reihe kleiner Läden, in denen geschnitzte Masken, Keramik und Schmuck angeboten werden. Ein Maori stellt dort *Taonga Puoru*, traditionelle Instrumente, her. Einige sehen aus wie kleine Flöten, andere wie Rasseln oder Mobiles. „Teilweise werden sie nur vom Wind zum Klingen gebracht." Huhana hält eine der Rasseln hoch. „Sie sollen bestimmte Vögel anlocken oder das Dorf vor einem Angriff warnen."

Schließlich folgt der Höhepunkt der Tour – die Besichtigung des Geysirs. „Alle zwanzig Minuten spuckt er wie auf Knopfdruck. Das ist ein beeindruckendes Spektakel. Haltet eure Kameras bereit, in einer Minute geht es los!" Huhana deutet auf einen brodelnden Teich. Und tatsächlich, kaum hat sich unsere Gruppe an der Absperrung aufgereiht, als es plötzlich gewaltig zischt und Dampfmassen in einer Fontäne aus der Mitte des kochenden Pools entweichen. Dreißig bis fünfzig Meter schießt die riesige Wassersäule in die Höhe. Ich mache ein Foto nach dem anderen. Doch schon nach wenigen Minuten ist das Naturschauspiel vorüber und das Becken blubbert wieder friedlich vor sich hin, als ob nichts gewesen wäre.

„An dieser Stelle möchte ich mich von euch verabschieden. Danke für euer Interesse; ich hoffe, es hat euch gefallen. *Aere Ra!* Huhana verbeugt sich. Mein Schwiegervater ist tief beeindruckt: *„Thank you. That was very interesting!“* Gunnar kann ihn gerade noch davon abhalten, unserer Führerin ein Trinkgeld zu geben. „Lass deinen Geldbeutel bloß stecken! Das ist hier nicht üblich.“

Vorbei an den blubbernden *Mud Pools* laufen wir auf Holzstegen zurück zum Ausgang.

„Hoffentlich gehen meine Muscheln im Koffer nicht kaputt!“ Sigi wickelt sorgfältig ihre Souvenirs in Socken ein. Nach ereignisreichen Wochen nähern wir uns dem Abschied. Könnte ich doch nur die Zeit anhalten. „Ohne euch wären wir nie bis nach Neuseeland gekommen! Und jetzt nehmen wir so viele schöne Erinnerungen mit!“ Es scheint, als hätten wir Gunnars Eltern auch mit unserem Neuseelandfieber infiziert. Vor allem Sigi liebt das Land, die Offenheit der Leute, die Natur – genau wie ich. Sie werden bestimmt bald wiederkommen.

Durch den schmerzlichen Abschied ist meine Laune an den folgenden Tagen auf dem Tiefpunkt. Ich kann die Gedanken an Freunde und Familie einfach nicht abschütteln – ein klarer Fall von Heimweh. Plötzlich fehlen mir die banalsten Dinge: Herbstlaub, Ikea, Klöße. Doch ich weiß genau, wäre ich in Deutschland, würde ich den Strand, die Natur und die Leichtigkeit im Alltag vermissen. Es schlagen einfach zwei Herzen in meiner Brust.

Ob wir für immer in Neuseeland bleiben oder nur für ein Jahr? Was, wenn wir zurück nach Deutschland gehen und feststellen, wir gehören doch ans andere Ende der Welt? Ganz egal wie ich es drehe oder wende, ich finde keine Lösung – noch nicht.

Oktober –
Back to work

„Huntsman Spider sighted in New Zealand!“, steht auf der Titelseite der heutigen Tageszeitung, die ich gerade beim Einstieg ins Flugzeug bekommen habe. *Huntsman,* die eigentlich in Australien beheimatete Spinne, gehört noch nicht einmal zu den giftigen Tieren des roten Kontinents. Vermutlich hat ein Reisender sie aus Versehen in seinem Gepäck mitgebracht. Aber genau das ist es, wovor Neuseeland Angst hat – noch eine Plage wie die Possums, noch ein fremdes Saatgut, das die einheimische Flora und Fauna stören oder aus dem Gleichgewicht bringen könnte. Als Aufmacher in der Zeitung ist die Meldung ungewöhnlich – zumindest für Nicht-Kiwis. Es gibt wahrhaftig wichtigere und brisantere tagespolitische Themen auf der Welt. Ich blättere weiter. Neben dem Bericht über die Spinnen gibt es einige politische Artikel, viel Unterhaltung, einige Beiträge zum Kulturleben in Auckland und – jede Menge Sport. Fast die Hälfte der Zeitung besteht aus *sportnews.* Danach folgen die Immobilientrends und Hausverkaufsanzeigen. Mitten in der Zeitung finde ich schließlich zwei kurze Artikel zum politischen Weltgeschehen. Neuseeland ist einfach zu weit weg.

„What would you like to drink, Mam?“, fragt die nette Stewardess im blau-roten Kostüm, und ich bestelle eine Cola, bevor ich mich wieder der Zeitung widme. Sport ist ein wichtiger Bestandteil im Leben eines echten Neuseeländers. An erster Stelle stehen Rugby und Cricket: *homestories* von Tana Umaga, der Ikone der *All Blacks,* Neusee-

lands weltberühmter Rugby-Nationalmannschaft; Prügeleien von betrunkenen Sportstars; die letzten Spielergebnisse der *Black Caps*, des neuseeländischen Cricket Teams. *Die Black Sox*, das Männer Softball Team, kämpft gegen den Abstieg und die Hockeyspieler der *Black Sticks* bereiten sich auf ihr Spiel gegen Australien vor.

Auch den riesigen Immobilienmarkt kann man in Neuseeland durchaus als Sport bezeichnen. Häuser werden nach Lust und Laune gekauft und verkauft. Den Kiwis ist ihr Heim längst nicht so ans Herz gewachsen wie uns Deutschen. Lebensversicherungen, Altersvorsorge, Rente – das sind in Neuseeland alles Fremdworte. Die meisten leben von der Hand in den Mund, ihre Vorsorge sind Immobilien. Werden sie im Alter krank und müssen teure Arztrechnungen bezahlen, werden dafür Häuser und Wohnungen verkauft.

Ich sehe aus meinem kleinen Bullaugenfenster. Das Flugzeug taucht gerade in die Wattebäuschchenwolken ein. Gunnar schläft neben mir. In Gedanken gehe ich noch einmal meinen Terminplan für die zwei Tage in Wellington durch: Heute Abend sind wir bei Ken und Chris zum Dinner eingeladen und morgen früh habe ich einen Interviewtermin zur Eröffnung des Nationalen Tattoo-Museums. Ich möchte wieder anfangen zu arbeiten. Die Kontaktaufnahme mit einem großen deutschen Reisemagazin war erfolgreich: Ich bin jetzt Neuseeland-Korrespondentin. Bei meinen Recherchen zu den *Tuhoe*, einem abgeschiedenen Maori-Stamm, bin ich durch Zufall auf die Eröffnung des Tattoo-Museums in Wellington gestoßen. Und das ist genau der richtige Stoff für die Leser. Die Zusage für eine Hochglanzreportage folgte prompt.

Im Gegensatz zu Gunnar muss ich mich als freie Autorin auch nicht mit harten Vertragsbedingungen auseinandersetzen: 15 Tage Urlaub, zehn Krankheitstage und keinerlei Kündigungsschutz im Krankheitsfall. Mein Mann möchte den Trip nach Wellington nutzen, um sich noch einmal bei einigen Firmen vorzustellen. Sonntag früh fliegen wir dann schon wieder zurück.

Ich bin ein bisschen nervös und hoffe, für mein Interview gut genug vorbereitet zu sein. Es ist schon eine ganze Weile her, dass ich jemanden interviewt habe – und das auch noch auf Englisch.

Als wir auf dem Flughafen der Landeshauptstadt angekommen sind, fühle ich mich sofort wieder wie zu Hause. Mit dem Mietwagen fahren wir ganz ohne Straßenkarte zielstrebig in die mir so wohlbekannte Innenstadt: *Taranaki* und *Vivian Street, Cuba* und *Tory Street* – ich kenne die City in- und auswendig – Straßen, Cafés und Geschäfte, jede Bucht und jeder Hügel sind mir vertraut. Nachdem uns unsere Kiwieltern Ken und Chris für das Wochenende ein zweites Mal aufnehmen, steuern wir aus der Stadt hinaus auf den Highway 2 zu. „Wellington ist wirklich ganz anders als Auckland, man sieht von überall das Meer. Das ist herrlich!“ Gunnar nickt nachdenklich. „Unter den Städten in Neuseeland ist Wellington noch immer mein ganz klarer Favorit!“ Einmal mehr wird auch mir klar: Das ist die Stadt, in der ich leben will! Schweigend genießen wir die Fahrt entlang der Küste.

„Hey guys, so good to have you here. Welcome back to Wellington!“ Ken und Chris freuen sich riesig, dass wir uns nach über sieben Monaten endlich wiedersehen. Und ich fühle mich, als hätte ich ihr Haus gerade erst verlassen. Unsere Kiwieltern umarmen uns so herzlich, als wollten sie uns nicht mehr loslassen. *„What are your plans for the weekend?“*, will Ken sofort wissen.

Nachdem wir unsere Koffer abgestellt haben, genießen wir erst einmal den Ausblick von unserem kleinen Balkon. „Mama, Meer!“, freut sich Amy, zeigt in Richtung Wasser und zappelt vor Begeisterung. Es ist zwar in Wellington immer ein paar Grad kühler als in Auckland, aber an diesem Abend strahlt die Oktobersonne angenehm warm vom Himmel. Wie tausend kleine Diamanten glitzern die Wellen und schaukeln gemütlich in Richtung Strand. In den Bäumen singt ein *tui* und die ersten Bienen summen um den blühenden Pfirsichbaum im Garten herum. „Da kann unser Großstadthäuschen mitten in Auckland wirklich nicht mithalten.“ Gunnar blickt ganz wehmütig aufs Wasser.

„Es ist wunderbar, wieder hier zu sein!“ Ich lehne mich entspannt in meinem Korbstuhl zurück. Bis das Dinner fertig ist, gibt es *nibbles*. So nennen die Kiwis kleine Vorspeisen: Chips und Dips, Oliven, Weißbrot und eingelegte Pilze. *„Do you want an emergency wine?“*, fragt mich Ken in gewohnter Manier und schenkt dabei schon mein Glas voll. *„Oh yes, definitely.“*

„Ich habe Hoki-Fisch mit Kumara und Gemüse gekocht. Ich hoffe, ihr mögt das“, kündigt Chris ihr Gericht an. Hoki ist ein ganz spezieller neuseeländischer Langschwanzhecht, Kumara eine neuseeländische Süßkartoffel mit lilafarbener Schale und goldgelbem Fleisch. Sie schmeckt ein bisschen wie eine Mischung aus Kartoffeln und Karotten. *„And you really need to try this: Whitebait Fritters. Whitebait with egg.“* Chris zieht mit ihrem Kiwi-Slang das „e“ besonders lang. Das klingt dann mehr wie „eeeeeg“. Whitebait ist ein winziger Jungfisch, der optisch Sardellen ähnelt, aber überhaupt nicht salzig ist. Nach echtem neuseeländischem Rezept wird er in Stücke geschnitten und mit Rührei verquirlt. Chris serviert ihn vor der Hauptspeise als goldgelb gebackene Taler. „Chris, da hast du wirklich etwas Leckeres gezaubert! Vielen Dank.“

„Es gibt übrigens etwas zu feiern!", kündigt Gunnar plötzlich an. Beide sehen uns fragend an. Dann richtet sich ihr Blick auf meinen Bauch. „Oh, nein – ich bin nicht schwanger!"

„Was dann?", will Chris neugierig wissen. Gunnar spannt sie noch ein bisschen auf die Folter, zieht seinen Pass aus der Tasche und blättert ihn auf. *„Returning Resident's Visa"*, liest Ken laut vor. „Sagt bloß, ihr habt eure Aufenthaltsgenehmigung bekommen?"

„Ja, vor ein paar Tagen lag ein großer Umschlag von der Einwanderungsbehörde im Briefkasten", erzähle ich. „Es war ein ganz schöner Aufwand, alles zusammenzubekommen. Wir hatten sämtliche Zeugnisse übersetzen lassen, Bestätigungen von alten Arbeitgebern mit eingereicht und die medizinische Untersuchung über uns ergehen lassen. Ich dachte schon, es fehlt noch immer etwas und konnte es gar nicht glauben, als mir beim Öffnen unsere vier Reisepässe entgegenfielen! Ich habe jeden Pass mehrmals durchgeblättert, um sicherzugehen, dass wirklich überall der Aufkleber drin ist."

„Das sind ja tolle Neuigkeiten, herzlichen Glückwunsch! Darauf müssen wir erst mal anstoßen!"

„Nun, da ihr offiziell Kiwis seid, sollten wir an eurem Kiwi-Slang arbeiten!" Ken grinst und beißt genüsslich in ein Stück Fisch. *„Do you know what ‚togs' are?"*, testet er uns.

„Klar, das sind Badesachen, Bikinis und Badehosen."

„Ah, very good. But I reckon, you don't know what ‚I talk the leg off an iron pot' means?" Er grinst noch breiter. Keine Ahnung. „Chris' Mom hat mir das immer vorgeworfen. Man kann auch sagen *‚talk the hind leg of a donkey'*. Das heißt so viel wie: Er redet ohne Punkt und Komma."

„That's right as rain, goldrichtig. Meine Mutter hatte schon immer recht. Mit deinem berühmten Redeschwall

hast du mich ja auch dazu gebracht, mit dir auszugehen." Chris stupst ihn an. Aber Ken holt jetzt erst richtig tief Luft: „Als du mich gefragt hast, ob ich dein kaputtes Regal reparieren kann, habe ich überhaupt nicht viel gesagt. *I was in your house like a rat up a drainpipe.*" Ich sehe von einem zum anderen. Ken ist schon ein Komiker. „Er meint immer noch, so schnell wie mich hat er noch keine ausgeführt." Auch Chris lacht, klopft ihm auf die Schulter und serviert uns noch ein Stückchen Hoki.

„*No worries.* Ihr habt in ein paar Monaten so viel geschafft, das bisschen Kiwi-Slang lernt ihr auch noch."

Als Mia und Amy eingeschlafen sind, sitzen wir noch gemütlich bei Wein und Nüssen im Wohnzimmer. In Wellington leuchten bereits die Lichter der Straßenlaternen und Hochhäuser und funkeln über die Bucht bis zu uns nach Eastbourne hinüber. Chris lächelt: „Es wäre richtig schön, wenn ihr doch noch irgendwann nach Wellington zieht!"

Am nächsten Morgen setze ich Gunnar in der Innenstadt ab. Er möchte sich bei vier Firmen vorstellen, während ich mich alleine auf den Weg zu meinem Interviewtermin mache.

Direkt gegenüber des riesigen *Te Papa* Nationalmuseums liegt in einem kleinen Gebäude im dritten Stock das Maori-Tattoo-Museum. Das Haus ist völlig verwinkelt, der Eingang liegt in dem Laden darunter. Ich fühle mich wie auf einem Straßenmarkt in Asien und suche zwischen riesigen Holzbuddhas und Papyrusrollen den Eingang. „Wo geht's zum Tattoo-Museum?", erkundige ich mich.

„Die Treppe ist dort vorne. Wenn du im dritten Stock ankommst, läufst du gerade auf den Eingang zu." – „Vielen Dank." Ich krame in meinen Unterlagen, werfe einen kurzen Blick auf meine Uhr: Es ist bereits kurz vor zehn. Offiziell wird das Museum um zehn Uhr eröffnet. Ich sprinte die Stufen des muffigen Treppenhauses nach oben, muss unbedingt pünktlich sein. Mein Interview mit dem Direktor des Museums steht schon seit einer Woche. Wie wird er wohl aussehen? Vermutlich nicht in Schlips und Kragen, soviel steht fest. Auf dem oberen Treppenabsatz angekommen, streiche ich noch einmal meine Bluse gerade und überprüfe tastend meine Frisur. Warum bin ich nur so unsicher und nervös? Es ist fast zwei Jahre her, dass ich meinen letzten Interviewtermin hatte.

„Hello, how you're going, alright? Can I help you?" Eine junge Mitarbeiterin des Museums kommt mir entgegen. Ihr Hals und ihre Arme sind komplett tätowiert, ein Ring durchbohrt ihre Unterlippe und die schwarz gefärbten Haare sind zu einem Pferdeschwanz zusammengebunden. In ihrem schwarzen Nickimantel und dem ebenso schwarzen Make-up auf der blassen Haut, sieht sie aus wie ein *Grufti*.

„*Hi there*. Ich habe einen Termin mit Steve, ich arbeite an einer Reportage über Maori-Tattoos." – „Er ist dort hinten und hängt gerade noch einige Bilder auf. Wir sind gestern Abend einfach nicht mehr fertig geworden. Ich sage ihm, dass du da bist. Sieh dich doch schon mal um."

Ein riesiges geschnitztes Holzportal säumt den Eingang des Museums, eine große Halle unter dem Dach. Vorsichtig steige ich über querliegende Holzbalken. Der ganze Raum gleicht eher einer Baustelle als einem Museum in der Minute der offiziellen Eröffnung. In zerrissener Hose und einem Totenkopf-T-Shirt steht der Museumsdirektor Steve auf einer hohen Leiter, dreht sich kurz um und lächelt mir freundlich zu. Was ich an nackter Haut an ihm sehen kann, ist komplett tätowiert – einmal abgesehen von seinem Gesicht mit dem Dreitagebart. Ich winke kurz, drehe mich dann weg und begutachte die Bilder und Fotos an den Wänden. „Was mache ich eigentlich hier in meinem Sonntagsblüschen?“, frage ich mich. Eigentlich logisch, dass in einem Tattoo-Museum niemand adrett angezogen ist – und das auch noch in Neuseeland! Das hätte ich mir eigentlich denken können! „Was soll's. Augen zu und durch. *She'll be right*“, rede ich mir ein.

„Ta Moko, das Tätowieren, gehört zur jahrhundertealten Kultur der Maori, ebenso wie ihre Mythen, der Haka-Kriegstanz oder die Herkunft aus Hawaiki“, steht auf einem Schild neben den Drucken einiger alter Maori-Häuptlinge. Ihre Gesichter sind mit dem typischen *Moko*, der klassischen Gesichtstätowierung verziert. Filigrane Linien, Kringel, Ornamente – das Zusammenspiel der schwarzen Striche und Konturen ist wirklich beeindruckend schön. Nur dass die Bemalung im Gesicht ist, hat für mich etwas Beängstigendes. Einige Bilder zeigen alte Frauen, die spezielle Kinn-*Mokos* tragen: Hier ist nur der Gesichtsteil zwischen Lippen und Kinn tätowiert. Ich wandere weiter zu einer Vitrine, in der auf einem roten Samttuch fein säuberlich alte Werkzeuge nebeneinander aufgereiht liegen: Hämmerchen und kleine Meißel, mal verziert, mal ganz glatt. *„Diese etwa hundert Jahre alten Tätowierbestecke werden zum Teil heute noch traditionell verwendet“*, steht als Erklärung auf der Infotafel. Ich starre in den Glaskasten, fasse mir dann unweigerlich ans Kinn und möchte mir die schmerzhafte Prozedur gar nicht ausmalen.

Neben der Vitrine wird auf einem Monitor ein Video abgespielt: Eine 74-jährige Frau lässt sich tatsächlich beim Nachtätowieren des alten Kinn-*Mokos* filmen. Mit monotonem Klopfen sticht der Meißel immer wieder in die offene Wunde, um die Lippentätowierung nachzuarbeiten. Ich kann kaum hinsehen. Die Stammesoberste liegt wie in Trance, scheint auf der empfindlichen Gesichtshaut nicht den geringsten Schmerz zu spüren. Die Region um die Nasenlöcher herum ist bereits verziert. Halb fasziniert, halb angewidert starre ich auf den Film.

„Während der schmerzhaften Prozedur des Meißels wurden traditionell alte Lieder vorgesungen. Auch Flötenmusik sollte helfen, die Schmerzen zu lindern." Steve steht auf einmal hinter mir. „Die ersten Tage nach dem Eingriff durften die Tätowierten dann nur flüssige Nahrung und Wasser zu sich nehmen, um die Infektionsgefahr der offenen und stark geschwollenen Haut gering zu halten." Jetzt streckt mir der Direktor freundlich die Hand entgegen.

„Da kann man fast nicht hinsehen." – „Ja, ich weiß. Aber selbst heutzutage gibt es noch einige Stämme, bei denen traditionell mit Hammer und Meißel tätowiert wird und nicht wie bei uns mit einer Maschine, antiseptischen Sprays und Cremes." Steve ist sehr nett und offen, überhaupt nicht distanziert. Meine Nervosität lässt sofort nach. „Woher kommt eigentlich das Tätowieren?", leite ich mein Interview ein. „Das Wort *Tattoo* kommt ursprünglich aus Tahiti und heißt dort *tatau.* James Cook benutzte das Wort *tattow* das erste Mal, nachdem er 1769 Zeuge einer Tätowierungszeremonie auf Tahiti wurde. Der Maori-Mythologie zufolge begann das Tätowieren mit einer Liebesaffäre zwischen einem Mann namens Mataora und der jungen Prinzessin Niwareka aus der Unterwelt", erzählt Steve.

„Mataora und die Prinzessin waren erst Gegner, doch während des Kampfes verliebte sich Mataora und folgte der Prinzessin, als sie in die Unterwelt zurück floh. Doch der Weg dorthin war lang, und er musste sich gegen viele Feinde zur Wehr setzen, sodass sein Gesicht bei seiner Ankunft völlig verschmutzt war. Zunächst bat er die Prinzessin um Vergebung, und sie nahm seine Entschuldigung an. Doch der König, Niwarekas Vater, war von Mataoras schmutzigem Aussehen derart belustigt, dass er die beiden die Kunst der ästhetischen *Mokos* lehrte, bevor sie gemeinsam in die Welt zurückkehrten."

„Gibt es denn neben dem Mythos auch eine andere Erklärung für die Gesichtstattoos? Ich habe gelesen, dass sich die Maori schon seit jeher tätowieren." – „Archäologischen Funden zufolge hat das Tätowieren seine Wurzeln in der östlich-polynesischen Kultur. Dort fand man weit vor der Ankunft der Maori verschiedene, aus Knochen hergestellte Meißel, die zum Tätowieren verwendet wurden." – „Welche Bedeutung hat das *Moko* denn ganz konkret in der Kultur der Maori?", versuche ich meine Frage auf den Punkt zu bringen.

„Für die Stämme ist das *Moko* so individuell wie ein Pass. Es galt als Zeichen von Macht, Wissen, sozialem Status, Familienzugehörigkeit und Potenz. *Mokos* erzählen viel über den Menschen, der sie trägt. Bei Männern begann das Tätowieren mit der Pubertät und umfasste zahlreiche Rituale. Die Tattoos standen also auch für wichtige Phasen im Leben der betreffenden Person. Außerdem sollte das *Moko* den Kämpfer für Frauen attraktiver machen." Gemeinsam schlendern wir zu einer Fotowand. „Siehst du den Mann dort drüben? Er und sein Freund sind vom Stamm der *Ngati Tuwharetoa* und tragen beide ein klassisches *Moko*."

„Kannst du als Tätowierer die Bedeutung der *Mokos* lesen?", frage ich Steve. Mir ist aufgefallen, dass seine Tattoos eher klassisch europäisch aussehen. „Nein, das Wissen um die Linien und Ornamente ist uralt, und es gibt nur noch sehr wenige, die *Mokos* wirklich richtig verstehen. Man sieht heute viele Maori-Tattoos auf der ganzen Welt. Es ist zu einer Art Modeerscheinung geworden.

Auf einer internationalen *Tattoo Convention* in London habe ich sehr viele Maori-Tattoos stechen müssen. Sogar Robbie Williams hat sich Maori-Ornamente auf den Arm tätowieren lassen."

„Stichst du immer noch selbst, neben deiner Arbeit hier im Museum?" – „Ja, ich sammle zwar viel und versuche, unseren Fundus hier zu erweitern, aber mein Hauptberuf ist noch immer das Tätowieren. Einmal im Jahr halten wir ein Festival ab, auf dem dann die besten Tätowierungen prämiert werden. Das *Bodyart Rocks*-Event findet nächsten Monat statt."

Mittlerweile sind die Leitern und Holzbalken aufgeräumt und alles hängt an seinem Platz. Der Raum füllt sich und Steve hebt hier und da grüßend die Hand. „Vielen Dank Steve, ich möchte dich nicht weiter aufhalten. Wenn sich noch Fragen ergeben, melde ich mich noch einmal bei dir, ja?" – „Alles klar! War sehr nett! Danke für dein Interesse! *See ya!*"

Ich habe noch etwas Zeit, bis ich Gunnar wieder auflesen muss, und bummle an den Fotowänden vorbei. Viele Tätowierungen sind grellbunt und wenig ästhetisch. Snoopy, Einhörner und kleine Teufelchen haben wirklich wenig mit der Maori-Kultur zu tun.

Neugierig beobachte ich nun die anderen Besucher, die langsam eintrudeln: Da sind ein paar Teenager, die Tattoos wohl einfach nur cool finden, aber auch einige gestandene Maori-Männer, kräftig, muskulös und so breit wie zwei Baumstämme. Sie ragen regelrecht aus der Menge heraus. Verstohlen versuche ich zu erkennen, wo sie tätowiert sind. Der Nacken des einen ist genau wie seine Arme komplett mit schwarzen, geschwungenen Linien bedeckt, und auch seine Hände sind bis hin zu den Fingernägeln tätowiert. Aus den Augenwinkeln sieht es fast so aus, als würde er ein Langarmshirt und Handschuhe tragen. „Wenn du noch Fotos oder Infos brauchst, hier ist meine E-Mail-Adresse." Die Mitarbeiterin im Grufti-Look reicht mir einige Infozettel. „Vielen Dank. Ja, Fotos wären klasse! Ich melde mich."

Zurück an meinem Schreibtisch in Auckland schreibe ich sofort eine E-Mail an das Tattoo-Museum. „Könnte ich vielleicht Fotos von der alten Frau mit dem Kinn-*Moko* und einem tätowierten Maori-Häuptling bekommen? Das fand ich am beeindruckendsten!"

Als die Mail abgeschickt ist, versuche ich aus dem Interview einen spannenden Artikel zu verfassen. Meine Finger fliegen über die Tasten. Moment. Was ist das? Auf einmal ist der gesamte Bildschirm schwarz. Ich schüttle die Maus und drücke etwas ungeduldig immer wieder die Leertaste. Der Versuch, den Computer neu zu starten oder von CD zu booten, ist vergebens. Das darf doch nicht wahr sein! Wütend blättere ich im Handbuch meines Laptops. Schließlich finde ich ein Register mit weltweiten Servicenummern. Deutschland: 01805. Schon wieder eine kostenpflichtige Rufnummer. Aber Moment, ich lese weiter. Es gibt auch eine Nummer des Laptopherstellers in Australien und Neuseeland: 0800, gebührenfrei. Na also, geht doch!

Ob es nun der Kundenservice bei der Bank ist, Reservierungsnummern für Motels, die Handy-Hotline oder Infonummern für Steuerfragen und Sehenswürdigkeiten – in Neuseeland sind sie alle kostenlos. Das sind die Kleinigkeiten, die ich hier so liebe!

„Hello. I'm John. How can I help you?", tönt es aus dem Hörer. Keine lange Warteschleife, kein genervtes Personal! „Eigentlich ganz gut." Die nette Stimme hat mich bereits besänftigt. Aber mir würde es deutlich besser gehen, wenn mein Laptop wieder funktionieren würde. Also komme ich

direkt zur Sache und schildere kurz das Problem. „Haben Sie Ihr Laptop beim Kauf online registriert?" – „Ja, aber das ist schon eine ganze Weile her."

„No Problem. Ich muss mich nur versichern, wer am Telefon ist. Das sind die Sicherheitsbestimmungen. Sagen Sie mir doch bitte Ihren vollen Namen und das Geburtsdatum!" Ich gebe John die gewünschten Daten. *„What's your phone password?"* – Ach du Schreck. Ich habe keinen blassen Schimmer. Das ist Jahre her und ich habe es nie gebraucht. *„Eh, sorry, I can't really remember."* Im Kopf gehe ich sämtliche Passwörter durch und überlege, was ich für meinen Online-Account genommen haben könnte. *„I can give you a hint.* Sie haben etwas ausgewählt, was mit der neuseeländischen Natur zu tun hat", versucht John mir zu helfen. Verwundert und schmunzelnd über das Ratespiel am Telefon, gehe ich im Kopf sämtliche *Wildlife*-Begriffe durch. *„Is it Kiwi?" – „No, think about different trees in Aotearoa!"* Ein guter Tipp, denn allzu viele kenne ich sowieso nicht. *„Is it Monkey Puzzle?" – „No, not quite right. Almost." – „Pohutukawa?" – „Yeah. Right. So let's see."* Ich glaube es nicht und komme mir vor wie in einer Rateshow im Fernsehen.

Nachdem ich mein Problem noch einmal geschildert habe, meint John: „Ich vermute, es ist ein Softwarefehler." Nach dem Herunterladen eines Programms und einem Neustart, funktioniert mein Laptop wieder einwandfrei. „Vielen Dank für die schnelle Hilfe!" – *„Pleasure helping you. Have a nice day!"* Das war nun wirklich unkompliziert und nett. Ich habe hier in Neuseeland immer das Gefühl, dass ich nicht bloß eine Nummer bin. Selbst am Telefon verlaufen solche Gespräche einfach viel persönlicher.

Ein paar Tage später steht mein Artikel über das Tattoo-Museum. Ich bin sehr zufrieden. Morgen recherchiere ich alle Details über die *Stansborough Farm*, den Kostümhersteller von *Herr der Ringe*, denn die Redaktion hat bereits die nächste Reportage bestellt.

November –
Die Erde bebt

„Stell dir vor, was passiert ist!“ Gunnar stürmt abends zur Tür herein. „Keine Ahnung, du hast in der Mittagspause beim Tischtennis gegen Dave gewonnen?“ „Quatsch. Ich habe heute gleich zwei Jobangebote aus Wellington bekommen!“, platzt es aus ihm heraus. „Was?“ Ich kann es gar nicht glauben. Der Umzug in unsere Traumstadt soll auf einmal zum Greifen nah sein? Gunnar berichtet von den Telefonaten. Beide Jobs klingen sehr vielversprechend. Wann genau er dort anfangen könnte, ist allerdings noch die Frage. Sicher ist nur, dass beide Firmen so schnell wie möglich jemanden suchen. Gunnar kramt seinen Arbeitsordner hervor und blättert seinen Vertrag durch. „Mal sehen, wie lang die Kündigungsfrist ist.“ Gespannt stehe ich in der Tür. Mir schießen auf einmal tausend Gedanken durch den Kopf. *„Two weeks notice“*, liest er dann laut vor. „Das wäre aber sehr bald!“

Jetzt oder nie ist die Devise – von langer Hand planen und vorbereiten, das kennen die Kiwis nicht. So ist das eben in Neuseeland. Doch wenn ich mir vorstelle, innerhalb von zwei Wochen hier alles aufzugeben, wird mir plötzlich ganz anders. Was wird aus meinen neuen Freundschaften mit Boxi, Debbie und Shawna, Stacey und Dave, Toby und Karen? Auf der anderen Seite war Wellington immer unser eigentliches Ziel. Ich bin hin- und hergerissen. „Zwei Wochen Kündigungsfrist. Das steht auch in unserem Mietvertrag für das Haus.“ Gunnar denkt gleich weiter und hat bereits den nächsten Ordner geöffnet. Auch häufiges und kurzfristiges Umziehen ist in Neuseeland nichts Ungewöhnliches. Mal eben Job und Wohnsitz wechseln – *no big deal!*

Nachdem wir noch eine Nacht über die Entscheidung geschlafen haben, sagt Gunnar den Job beim öffentlich-rechtlichen Fernsehen zu. Und jetzt kommt der Stein erst so richtig ins Rollen, denn wir müssen schon in acht Tagen in Wellington sein. Mir bleibt kaum Zeit, sämtliche Sachen zu packen und allen Freunden auf Wiedersehen zu sagen. Die Tage sind hektisch und vergehen wie im Flug. Zumindest eine kleine Abschiedsfeier lasse ich mir selbst am Umzugstag nicht nehmen. Boxi ist besonders geknickt: „Du kannst mich doch hier nicht hängen lassen, während ich schwanger bin. Was soll ich denn ohne dich machen?“ Sie versucht zu lächeln. Auch Karen und Tobys Stimmung ist getrübt: „Jetzt seid ihr auch weg. Erst letzten Monat sind gute Freunde von uns nach England zurückgekehrt.“ Sun, unsere Nachbarin, ist ganz traurig, dass sie nicht mehr bei Mia und Amy Babysitten kann. Nur Debbie und Shawna frotzeln: *„Hey, you'll come back anyway. The wind in Wellington is horrible! No, we really gonna miss you!“* Jetzt erst merke ich, wie schwer mir der Abschied fällt.

Keine zwei Stunden nachdem meine Freunde gegangen sind, klopfen die Umzugshelfer an die Tür und stehen bereits in den Startlöchern. Während sie die großen Möbel zuerst in den Umzugswagen laden, versuche ich hastig, noch Kleinteile zu packen und die Kinder unter Kontrolle zu bringen. Konzentriert gehe ich von Raum zu Raum, habe Angst, etwas Wichtiges zu vergessen. Kurz nach fünf Uhr ist dann alles vorbei. Die Möbelpacker manövrieren den großen Umzugswagen aus dem Hinterhof. Auf dem Weg zurück ins Haus lässt mich ein

Riesenkrach zusammenzucken. Ganz offensichtlich ist der LKW an der Regenrinne unserer Nachbarin Sun hängen geblieben. Mit einem lauten Quietschen hebt der gesamte Dachstuhl um einige Zentimeter ab, während sich der Wagen im Schneckentempo weiter in Richtung Torausfahrt bewegt. Drei Meter weiter hinten kracht das Dach wieder in seine ursprüngliche Position zurück – gerade so, als ob nichts gewesen wäre. „Das hat uns gerade noch gefehlt!", denke ich und stehe mit Herzrasen wie angewurzelt vor dem Gartentor. Doch keiner reagiert. In Kiwimanier, extrem relaxed, begutachtet einer der Männer erst den Truck und dann das Hausdach. Ein Blick von links, dann von rechts: *„No worries! She'll be right"*, winkt der Möbelpacker noch ab, bevor er in das Umzugsauto steigt. *„We'll see you guys down in Wellington."* Und der Truck verschwindet um die Ecke.

Ein schmaler, steiler Weg windet sich den Hang hinab. Vorbei am Briefkasten mit der Nummer 13 laufe ich durch dichtes, weiß blühendes Buschwerk. Die Sonne lässt nur einige wenige Strahlen durch das Dickicht aus Farnen, Efeuranken und anderem Blattwerk auf den Betonweg scheinen. Es duftet nach Frühling. Wenn man genau die Ohren spitzt, kann man das Rauschen der Wellen hören, die weiter unten am Hang an den Strand klatschen. Sonst ist es mucksmäuschenstill. Das Haus selbst ist weder von der Straße oberhalb noch von der Uferstraße unten zu sehen. Erst nach zwei Wegbiegungen erspähe ich, zwischen den Ästen versteckt, das rostrote Wellblechdach und dann die ersten Umrisse des hübschen, mit Holz verkleideten Hauses. „Die Vermieterin meinte, sie schließt nicht ab, wir sollen den Schlüssel aus der Ritze in der alten Steinmauer nehmen", erinnert sich Gunnar. Typisch Kiwi.

Der Wohnraum ist hell und großzügig, er strahlt geradezu im Licht der hereinscheinenden Sonne. Ich öffne die riesigen Glasschiebetüren und trete auf die Terrasse, die sich über die gesamte Hausbreite erstreckt.

Einen schöneren Ausblick gibt es nicht. „Von hier aus sehen wir wirklich alles. Wellington City und die gesamte Bucht!“ Gunnar zeigt begeistert in alle Himmelsrichtungen. Ich werde ganz sentimental, lehne mich an das warme Holzgeländer und lasse den Blick über den Buschhang unter uns hinweg in Richtung Wasser wandern. „Das ist die gleiche Aussicht wie bei Ken und Chris, nur eine Bucht weiter. *We came back, where we startet from!*“ Es ist schon merkwürdig, wie sich die Dinge manchmal ergeben. In Eastbourne haben wir unseren Neuseeland-Traum begonnen und jetzt sind wir bis auf wenige hundert Meter wieder genau an demselben Fleck gelandet. „Schau mal, da unten im Garten haben wir sogar einen Zitronenbaum.“ Zwei *tuis* singen in den Yukkapalmen und eine große Waldtaube schwirrt schwerfällig von einem Busch zum nächsten. Weder die Nachbarn links noch rechts haben Einsicht in das Grundstück. Versteckt und an den Hang gebettet, liegt unser Häuschen geschützt zwischen den hohen Büschen und Bäumen.

Ohne Schuhe durchwandern wir alle Zimmer unseres neuen Heims und schleichen über den Teppichboden ein Stockwerk tiefer. Bis auf das Bad und das Gäste-WC hat wirklich jeder Raum Meerblick. „Es sollte einfach so sein, ein Wink des Schicksals.“ Gunnar umarmt mich. „Das ist die Erfüllung des Traums, den wir schon so viele Jahre träumen!“

Keine zwei Stunden später schleppen die Möbelpacker schwitzend unser Hab und Gut aus dem Truck in unser neues Domizil. Von jetzt an wohnen wir in der *Days Bay*, dem beliebtesten Badestrand der Region.

Am Abend bauen wir nur noch unser Bett auf und stapeln die Boxen so, dass man sich in schmalen Gassen durch die Zimmer quetschen kann. Um Mitternacht bahne ich mir meinen letzten Weg durch die Kistentürme und falle müde in die Federn. Sogar im Bett liegend kann ich das Meer und die bunten Lichter von Wellington sehen, die sich im schwarzen Meer spiegeln. Noch lange versuche ich, die Augen offen zu halten, um den idyllischen Moment und den wunderschönen Ausblick in vollen Zügen zu genießen. „Ich kann es noch gar nicht glauben. Wir sind endlich angekommen!“, flüstere ich leise. Aber Gunnar schläft schon.

Während mein Mann sich durch seine ersten Arbeitstage kämpft, kämpfe ich mich tapfer durch das Umzugschaos: Kisten auspacken, die Küche einräumen, Regale aufbauen. Aber ich sehe es nicht so eng und genieße jede Minute im neuen Haus. Immer wieder schaue ich aus dem Fenster, ich kann mich an dem Ausblick einfach nicht sattsehen. Ob das irgendwann einmal zur Gewohnheit wird?

„Sag mal, ist dein Rasierer kaputt?“ Gunnar kommt mit einem Dreitagebart in die Küche. „Nein, ich rasiere mich erst Ende November wieder. Es ist nämlich *Movember.*“ – „Mo-was?“ „*Mo* sagen die Kiwis als Abkürzung für *moustache,* Oberlippenbart. Alle meine Kollegen lassen sich Bärte wachsen und rasieren sich erst am Dreißigsten wieder. Ich wundere mich schon seit Tagen, warum alle plötzlich unrasiert sind. Und gestern in der Mittagspause hat man mich endlich aufgeklärt: Das ist eine jährliche Charity-Veranstaltung zugunsten der Krebsvorsorge bei Männern. Einen ganzen Monat lang werden Spenden gesammelt und der beste Bart wird auf der abschließenden Party prämiert. Alex, Brent, Ian, Leighton und Nick von der Grafik machen auch mit. Im *Movember* lässt sich jeder von ihnen einen anderen Bart wachsen: einen langen Ziegenbart am Kinn, einen Vollbart oder einen Schnauzer; mein *teamleader* hat jetzt einen gezwirbelten Oberlippenbart. Das sieht wirklich witzig aus." – „Und du machst jetzt also auch mit?" – „Mal sehen, wie lange ich durchhalte." Er grinst.

Gunnar schiebt einen Stapel Umzugskartons beiseite und setzt sich an den Frühstückstisch. „Eigentlich wollte ich aber wegen etwas ganz anderem mit dir reden. Ich habe gestern einen interessanten Bericht über Erdbeben geschnitten. Das hat mich wirklich beschäftigt." Mit einer Tasse Kaffee setze ich mich zu ihm. „Wir müssen unbedingt einen Erdbebenspezialisten kommen lassen. Die machen nämlich auch Hausbesuche." Ich persönlich habe das Thema bislang eher verdrängt. Dass Wellington in einem *der* Erdbebengebiete der Welt liegt, ist mir zwar nicht neu, aber an den Ernstfall habe ich noch nie gedacht. Gunnar hingegen möchte gerüstet sein. „Wusstest du, dass die Erdbebenspalte sich genau durch die Innenstadt, entlang des Highways, bis zu uns ins *Hutt Valley* zieht?" Er macht ein besorgtes Gesicht.

Es klopft an der Tür. „Das sind sicher Ken und Chris. Sie wollten mir beim Auspacken helfen." Gunnar öffnet die Tür. „Ken, habt ihr eigentlich ein *Survival Pack?"* – *„A what? You gotta be kidding me!* Das letzte große Beben liegt schon 150 Jahre zurück!" Ken kommt in die Küche und winkt ab. *„No worries.* Ist alles nicht so wild. Wie geht es euch im neuen Haus?", wechselt er sofort das Thema. Ich umarme die beiden und Ken drückt mir eine Flasche Sekt in die Hand. „Willkommen in der Nachbarschaft!" Aber Gunnar lässt nicht locker und erzählt vom letzten großen Wellingtoner Beben im Jahr 1855. Bei einer Einwohnerzahl von nur 6.000 Menschen gab es damals nur einen

Toten, aber heute hätte ein solch starkes Beben der Stärke 8 oder mehr völlig andere Konsequenzen. Die City wäre zum Großteil zerstört und völlig von der Außenwelt abgeschnitten. Und laut Experten soll das in den nächsten zwanzig Jahren passieren. „*The big one* ist mehr als überfällig!“, schließt Gunnar. So kenne ich ihn gar nicht. Er hört überhaupt nicht mehr auf. „Auch der Highway als einziger Zubringer in die Stadt, würde durch ein Beben sicher zerstört werden.“ – „Deshalb wohnen wir ja außerhalb der City in Eastbourne!“, lacht Ken.

In der gesamten Region um Wellington ist es für niemanden ungewöhnlich, dass es öfter einmal „wackelt“. Tsunamis, Erdrutsche, die sogenannten *landslips*, Buschbrände, *floodings*, Erdbeben – mit all diesen Naturgewalten mussten Gunnar und ich uns bislang noch nie wirklich auseinandersetzen.

„Is your house earthquake-proof?“, wendet sich Gunnar nun an Chris. Ich boxe ihm in die Seite. „Nun lass doch das Thema endlich!“ – „Wir haben keine speziellen Sicherheitsvorkehrungen getroffen. Aber unser Gebäude ist auf Fels gebaut. Da ist das Risiko eines Erdrutsches eher klein. Auch bei einem heftigen Beben wäre der Schaden bei uns vermutlich geringer.“ Auch Chris lässt sich von Gunnars Panik wenig beeindrucken. Ken spielt das ganze Thema bewusst herunter. Er ist eben ein Kiwi, entspannt, wie eh und je. „Ich glaube nicht, dass es unsere Generation trifft, und wenn doch – *then we deal with it.*“ Er setzt seinen Strohhut ab und legt ihn auf den Küchentisch. Chris erinnert sich noch sehr gut an ihre eigene Kindheit zurück und berichtet, dass ihre Mutter ihr damals eingebleut habe, bei einem Beben schnell unter einen Tisch zu krabbeln oder sich unter einen Türrahmen zu stellen. ‚Wenn die Decke einstürzt oder etwas Schweres umfällt, seid ihr dort am sichersten‘, hat sie uns immer gesagt.“

Mit diesem Wissen ist sie aufgewachsen und saß während ihrer Kindheit etliche Male unter dem Tisch. „Das war ja auch urgemütlich, wie eine Höhle." Die Erinnerung daran findet sie ganz offensichtlich noch immer amüsant. Beide sprechen über Erdbeben, als ginge es um den letzten Regenguss. Irgendwie klingt das für mich alles nun gar nicht mehr beruhigend. „Für uns ist die Möglichkeit eines Bebens normal. Stellt euch vor, wir hätten uns jeden Tag unseres Lebens darum Sorgen gemacht!", lenkt Ken schließlich ein, nur um im nächsten Moment wieder alles ins Lächerliche zu ziehen: „Das Risiko, von einem Blitz getroffen zu werden, ist viel höher, als bei einem Erdbeben umzukommen. Lasst uns den Sekt öffnen und auf euer neues Haus anstoßen!" Chris knallt mit dem Korken. So lassen wir das Beben Beben sein – zumindest für den Augenblick.

In dieser Nacht bin ich zu müde, um die schöne Aussicht zu genießen, und schlafe sofort ein. Aber Gunnar hat es geschafft: Das Erdbebenthema lässt mich nicht mehr los. Ich träume die ganze Nacht von Beben und anderen Katastrophen. „Ihr wolltet doch unbedingt hier in Neuseeland leben!", wirft mir Ken im Traum an den Kopf. „Wellington oder Auckland, das macht keinen Unterschied. Auckland hat 49 aktive Vulkane. Da frage ich mich, was besser ist." Er lacht hämisch und lässt ein Tischfeuerwerk explodieren. Ich wälze mich im Bett hin und her und versuche, die wirren Gedanken zu vertreiben.

Gegen Viertel nach drei wache ich auf und weiß zunächst einmal überhaupt nicht, wo ich bin. Ein lautes Brummen ertönt im ganzen Haus – fast so, als ob draußen ein großer LKW vorbeifahren würde. Aber auf unserer schmalen Küstenstraße? Dann verändert sich das Geräusch, wird zu einem Knarzen. Die Fensterscheiben klirren. Ich sitze hellwach und stocksteif im Bett und fühle mich an die Überschallflugzeuge erinnert, die in meiner Kindheit über die Häuser gedonnert sind. Plötzlich habe ich das Gefühl, dass das ganze Bett zu wackeln beginnt, und höre, wie das Gestell auf dem Holzboden klappert. Ist das ...? Nein, es kann nicht sein. Oder vielleicht doch? Ein Erdbeben? Schwer zu sagen, wenn man noch nie zuvor eins erlebt hat. Doch kurz bevor ich panisch werde, ist alles wieder ruhig. Mein Puls rast, schwitzend versuche ich, Gunnar wachzurütteln – doch der schläft tief und fest.

War das nur ein Vorbeben oder ist jetzt alles vorbei? Was soll ich zuerst tun? Packen? Die Kinder holen? Stille. Ich frage mich, was im Falle eines Bebens wohl zuerst zusammenbrechen könnte: vermutlich unser alter, wackliger Carport oben an der Straße. Er würde mitsamt unseres Vans den Hang hinunterrutschen und das Auto auf Höhe unseres Kopfes ins Haus hineinrauschen. „Hör auf, dich verrückt zu machen!", sage ich zu mir selbst. Oder soll ich doch aufstehen und die nötigsten Dinge zusammenpacken? Nur für den Fall der Fälle? Was, wenn wir alle in ein paar Minuten im Schlafanzug mitten im Busch stehen? Falls wir überhaupt rechtzeitig aus dem Haus kommen. Aufmerksam lausche ich der Stille, außer meinem eigenen Herzschlag ist es absolut ruhig. Selbst die Kinder schlafen weiter, sie scheinen überhaupt nichts gemerkt zu haben. Schon der bloße Gedanke daran, dass ihnen irgendetwas passieren könnte, macht mich fix und fertig.

Ich lasse mich zurück in die Kissen fallen, mache aber kein Auge zu und liege noch stundenlang in absoluter Alarmbereitschaft im Bett. Als ich im Morgengrauen endlich in einen unruhigen Schlaf falle, träume ich von Tsunamis, die unser Haus überrollen, eingestürzten Gebäuden und eingeklemmten Menschen. Stunde um Stunde renne ich mit den Kindern unter dem Arm vor umfallenden Bäumen, Buschfeuern und gigantischen Erdrutschen davon. Was für ein Albtraum!

Als Gunnar mich am nächsten Morgen mit einem Kuss weckt, zucke ich erschrocken zusammen. „Was ist los?" Er sieht mich mit großen Augen an. Immer noch die wildesten Szenarien im Kopf, berichte ich von meiner Horrornacht. Ich fühle mich gerädert. „Das hast du bestimmt alles nur geträumt!", versucht er mich zu beruhigen. – „Nein, das glaube ich nicht. Hast du denn gar nichts gespürt?" Gunnar schüttelt den Kopf. Je länger ich darüber nachdenke und in die Sonne blinzle, desto unsicherer werde ich, ob nicht vielleicht wirklich alles nur ein böser Traum war. „Es schien mir so real!", protestiere ich noch einmal. „Ich mache einen Termin mit dem *Survival*-Spezialisten. Das wollten wir doch sowieso. Und wenn wir erst mal ein Überlebenspackage haben, kannst du vielleicht auch wieder beruhigter schlafen", schlägt Gunnar vor. „Wir werden uns schon daran gewöhnen!"

Noch am gleichen Abend klopft es an der Tür. Gunnar sieht mich schmunzelnd an und stellt mir kurz darauf den Erdbebenspezialisten Jack vor. *„Hi. Nice to meet you!"* Na, jetzt bin ich wirklich gespannt.

Jack sieht sich in unserer Wohnung um und erzählt dabei, wie er zu seinem Geschäft kam. Er kommt ursprünglich aus England, lebt aber bereits seit einigen Jahren in Neuseeland. Die geografische Lage und die geologischen Gegebenheiten haben ihn schon immer interessiert, und so kam er auf die Idee, Überlebenspakete speziell für die Anforderungen hier vor Ort zusammenzustellen. „Lustig, dass du auch kein Kiwi bist." Gunnar grinst. „Unsere neuseeländischen Freunde sehen die Situation nämlich überhaupt nicht so eng", bringe ich mich ins Gespräch ein. Jack stimmt uns zu und rollt mit den

Augen. „*I know*. Und das, obwohl die Regierung regelmäßig Werbespots schaltet, die alle Bürger auffordern, sich vorzubereiten! Es gibt zu viele Menschen, die sich einfach nicht damit auseinandersetzen wollen. Selbst nach einem Beben der Stärke 5 auf der Richterskala wie gestern Nacht." – „Es hat letzte Nacht tatsächlich ein Beben gegeben?" Erstaunt sehe ich Jack an. „Ja, nordöstlich von Wellington, etwa dreißig Kilometer jenseits der Küstenlinie." Ich bin erleichtert, zumindest habe ich jetzt den Beweis dafür, dass ich nicht völlig verrückt bin. „Übrigens gibt es eine Website, auf der ihr aktuelle Beben nachsehen könnt", fährt er fort, „aber nun erst einmal zu eurem Haus." Wir zeigen dem Spezialisten Wohnzimmer und Küche. „Oh Gott", denke ich still und packe im Geiste schon wieder alle Kartons ein. „Dass euer Haus, wie 85 Prozent aller Häuser in Neuseeland, aus Holz gebaut ist, ist schon mal nicht schlecht, denn Holz wackelt mit und gibt nach – ganz im Gegensatz zu Stein oder Ziegeln." Erleichtert atme ich auf und beobachte den etwa fünfzigjährigen Engländer: Sein angegrautes Haar hat er fein säuberlich mit einem Seitenscheitel gestriegelt und schlurft nun auf gelben Strümpfen durch unser Haus. Er scheint sich tatsächlich auszukennen und kann uns viele wertvolle Tipps geben – die wir hoffentlich niemals brauchen werden. „Ihr solltet alle schweren Gegenstände an den Wänden sichern – Regale, den Kühlschrank und auch die Bilder. Es kommt häufig vor, dass Personen einfach von herabfallenden Mikrowellen oder Fernsehern erschlagen oder verletzt werden. Der Kühlschrank könnte tatsächlich ein Problem werden. Gunnar wackelt an unserer riesigen Kühl-Gefrier-Kombination. Sie steht bombenfest – zumindest im Augenblick. „Ein weiterer Punkt ist der Schornstein. Viele alte Kamine sind nur gemauert, haben innen jedoch keine Stahlverstärkung. Bei einem stärkeren Beben kann der obere Teil des Schornsteins dadurch abknicken und durch das Dach brechen. Man müsste den sichtbaren Teil neu bauen oder von außen fixieren." Unsere Vermieterin wird sicher nur müde lächeln, wenn wir ihr das vorschlagen. Ich kann mir ihr Gesicht buchstäblich vorstellen: „Europäischer Sicherheitswahn!"

„Unsere Freunde meinten, man soll sich unter einen Türstock oder Tisch retten, um nicht von schweren Gegenständen getroffen zu werden." Gunnar sieht Jack fragend an. „Das ist grundsätzlich schon richtig, aber wenn ich mir euer Haus am Hang so ansehe, würde ich euch eher raten, so schnell wie möglich raus zu gehen. Und achtet auf Stromleitungen, die von Masten herunterhängen! Wenn die Zeit zu knapp ist, sind diejenigen Plätze im Haus auf jeden Fall sicherer, die sich nicht neben großen Fensterscheiben befinden. Bei einem starken Beben birst das Glas, und die Splitter werden zu richtigen Geschossen." Wir sehen uns an und schlucken. „Oder stellt euch vor, ein ungesicherter Heißwasserboiler kippt um und ihr überlebt das Beben, verbrüht euch aber derart, dass ihr womöglich an den Verbrennungen sterbt." Ich muss bei dieser Vorstellung unweigerlich an einen schlechten Film denken.

„Jeder Haushalt sollte auch einen Notfallplan haben. Wo trefft ihr euch, wenn ihr im Katastrophenfall nicht gerade alle zusammen zu Hause seid und alle Kommunikationsmittel ausgeschaltet sind? Welche Wege sind abgeschnitten? Oft ist ein Treffpunkt in der Mitte zwischen Arbeit und Wohnort ein guter Platz." Im Kopf stelle ich mir vor, wie ich mit zwei Kindern, eins links und eins rechts auf dem Arm, und einem *Survival Pack* auf dem Rücken versuche, den Steilhang am Ende der Straße zu erklimmen. Schon ohne Gepäck habe ich Mühe, den Berg hochzukommen.

Nun präsentiert uns Jack zwei große, orangefarbene Taschen und breitet verschiedene Gegenstände auf dem Boden aus wie ein Staubsaugervertreter. Ken und Chris würden uns jetzt für komplett verrückt erklären. „Egal ob Erdbeben, *landslide* oder Tsunami. Bei eurer Lage seid ihr hier von allem betroffen, wenn auch das Beben an sich die größte Gefahr darstellt. Grundsätzlich rate ich jedem Bürger, Vorräte und eine Notausrüstung für mindestens drei Tage parat zu haben. So lange sollte man autark überleben können, bis man dann – hoffentlich – gerettet wird." Jack zieht die Schultern hoch. „Wir rechnen zwei Liter Trinkwasser pro Tag und pro Person. Am besten in Kanistern." Er sortiert einige Gegenstände heraus. „Ein Überlebenspaket für vier Personen könnte etwa so aussehen." Er hält alle Teile der Reihe nach hoch: ein kleines Zelt, vier Schlafsäcke, ein per Kurbel betriebenes Radiogerät, das auch ein Handy laden kann, Leuchtstäbe ... Er zeigt uns eine neongelbe Verpackung ... eine solarbetriebene Taschenlampe, wasserfeste Streichhölzer, ein Erste-Hilfe-Set, ein Taschenmesser, eingeschweißte, hoch kalorische Astronautenkost, Wasserreinigungstabletten, Müllsäcke und viele andere nützliche Dinge. Ich hole die vier sogenannten Schlafsäcke aus einer kleinen Plastiktasche und wende sie in der Hand. Sie knistern und bestehen eigentlich nur aus einer silbernen Thermofolie, ähnlich den Rettungsdecken bei Unfällen. Mit ausgeklappter Kurbel drehe ich einige Male am Radio. Das Gerät rauscht tatsächlich – angeblich für eine ganze Stunde. Während Gunnar und ich die eingeschweißten Nahrungspäckchen begutachten, holt Jack einige Infoblätter und eine *household emergency checklist* aus seiner Tasche. „Was würdet ihr als erstes tun, wenn ihr ein starkes Beben spürt?" – „Hm, die Kinder unter den Arm nehmen und dann raus!" Das ist wirklich das erste, was mir in den

Sinn kommt. „Das Radio einschalten“, meint Gunnar etwas nüchterner. „Beides Falsch!“, meint Jack. „Nein, Schuhe anziehen! Was nützt den Kindern eine Mutter mit von Glassplittern zerschnittenen Füßen? Erst dann müsst ihr mit eurem *Survival Kit* so schnell wie möglich aus dem Haus, Radio einschalten und abwarten.“ Ich sehe uns schon beim nächsten Minibeben mit einem Notpaket und den Kindern auf der Straße stehen, während unser Nachbar seelenruhig gerade sein *BBQ* einpackt und zum Strand fährt. „Hier in Eastbourne gibt es eine eigene *civil defence area* mit den Schulen als Notstützpunkten im Ernstfall. Ihr seid also eigentlich ganz gut versorgt“, versucht Jack uns zu beruhigen.

Nach über einer Stunde Aufklärung beschließen wir dann, einen Survival-Rucksack für vier Personen zu kaufen. So hätte ich tatsächlich für je ein Kind einen Arm frei – im Notfall. Irgendwie fühle ich mich tatsächlich wie nach einer Staubsaugerberatung; für den Preis hätten wir sicher auch das neueste Spitzenmodell bekommen. Das Logo unseres Notrucksacks: *„Prepare now, Survive later!“* Großartige Vorstellung. Aber zumindest kann ich heute Nacht wieder ruhig schlafen.

Dezember –
Erdbeeren zu Weihnachten

„Reichst du mir mal bitte das T-Shirt und zwei Klammern?“ Während ich die Wäsche aufhänge, blicke ich immer wieder nach *Somes Island*. Jeden Tag sehe ich die ehemalige Gefangeneninsel im Wellingtoner Hafenbecken. Sie gehört inzwischen zu unserem Heim wie der Pflaumenbaum im Garten unseres Münchner Hauses. „Jetzt noch eure blauen Socken, dann sind wir fertig.“ Mia und Amy helfen fleißig mit. *Somes* ist grün bewachsen, leicht hügelig und scheint nur einen Steinwurf weit von unserem Haus entfernt zu sein. Ob man mit dem Kajak dorthin fahren kann? Ich habe gelesen, dass es schon viele europäische Siedler unfreiwillig auf dieses Eiland verschlagen hat – das ist allerdings lange her. Nach monatelangen Strapazen auf See, erreichten sie Anfang des 20. Jahrhunderts Neuseeland. Doch kaum einer gelangte an sein eigentliches Ziel, denn bevor sie einen Fuß auf das gelobte Land setzen konnten, wurden die Immigranten schon wieder festgesetzt – diesmal in Lagern auf *Somes Island*. Die neuseeländische Regierung hatte Angst vor Seuchen wie der Pest oder Tuberkulose. Noch heute soll es einen Friedhof mit Denkmälern geben, und manche Einwohner hier in der Gegend erzählen hinter vorgehaltener Hand, dass es auf *Somes Island* spukt.

Heute ist *Somes* oder auch *Matiu Island*, wie die Insel auf Maori heißt, ein Naturschutzgebiet. Das gesamte Areal ist *pestfree* – es gibt keine Ratten, Possums, Frettchen oder sonstige Eindringlinge. Die Naturschutzbehörde hat einen

Rundwanderweg eingerichtet und mehrere der vor dem Aussterben bedrohten Tierarten erfolgreich dort angesiedelt. So hat beispielsweise die neuseeländische Brückenechse *Tuatara*, der einzige noch lebende Halbdinosaurier der Erde und deshalb von Wissenschaftlern auch *The living Fossil* genannt, dort ein neues Zuhause gefunden. Viele heimische Papageien wie der freche *Kea* oder der *Kaka*, der *Kiwi*, *Skinks* oder auch der *Giant Weta*, das Rieseninsekt, leben heute auf *Somes Island*. Selbst der weltkleinste Pinguin, der *blue-eyed penguin* konnte sich hier wieder vermehren. „Ein Neuseeland wie vor 250 Jahren. Da müssen wir unbedingt mal hin." Mia und Amy spähen durch das Geländer. „Seht mal, da drüben auf der Insel gibt es Kiwi-Vögel. Genauso einer wie euer kleines Plüschtier." Die Kinder wollen unbedingt Kiwis sehen. Aber die Vögel verstecken sich, sie haben Angst vor Menschen. Traurig sieht Mia mich an und Amy beginnt zu weinen. Ich denke nach. Nun sind wir bald ein Jahr in Neuseeland und noch keiner von uns hat einen echten Kiwi gesehen. „Wir könnten in den Zoo gehen. Vielleicht finden wir da einen." Natürlich sind die beiden gleich Feuer und Flamme.

„Der Kiwi-Talk startet in einer Viertelstunde." Die Frau an der Kasse reicht mir einen Plan des Zoos und beschreibt mir den Weg dorthin. Wir eilen den steilen Berg hinauf zur Arena. Rechts schreien die Schimpansen und jagen sich über die Felsen und in einem gemauerten Gehege mit blühenden Kakteen stellen sich gerade ein paar neugierige Erdmännchen vor ihrem Bau auf, um die Lage auszukundschaften.

Der *zookeeper* empfängt bereits die ersten Besucher zum Kiwi-Talk, als wir eintreffen. Neugierig beuge ich mich zum Käfig herunter und entdecke den Kiwi hinter den Gitterstäben, er ist etwa so groß wie ein Huhn und hat einen langen gebogenen Schnabel. *„Hi, I'm Gerry*. Ich bin der Tiertrainer hier im Zoo und erzähle euch heute die Geschichte von *Stompy* oder wie er nun ganz offiziell heißt, *Tahi*, dem einbeinigen Kiwi." Gerry hat bereits in einem Privatzoo in Spanien Raubvögel dressiert. Der Tiertrainer hat einen starken britischen Akzent und sieht in seinem Outfit eher aus wie ein Ranger: braune Hose, ein T-Shirt in Tarnfarbe und schwere braune Arbeitsschuhe. Seine dunkle Haut ist vom Wetter gegerbt und von der Sonne hat er leichte Fältchen um die Augen. Mit sicherem Griff nimmt Gerry den Kiwi auf den Arm. Das Gefieder gleicht eher einem Fell, einzelne Federn sind kaum zu erkennen. Mit seinen kleinen braunen Knopfaugen blinzelt der hübsche Vogel ins Tageslicht. „Warum hat er denn nur ein Bein?", will ein kleines Mädchen wissen. „Tja, das ist eine traurige Geschichte!" Liebevoll streichelt Gerry dem Kiwi über den Kopf. „Der Arme ist in eine Marderfalle getreten. Leider konnten die Ärzte sein Bein nicht mehr retten." Alle hören wie gebannt zu. „Aber Tahi geht es bei uns hier richtig gut. Jetzt hüpft er eben auf einem Bein." Nun wendet Gerry sich an die Erwachsenen. „Wie alle Kiwis hat Tahi keine Flügel, obwohl er eindeutig ein Vogel ist. Die Kiwis haben im Laufe der Evolution ihre Flügel verloren, weil sie hier in Neuseeland keine natürlichen Feinde hatten. Erst als europäische Siedler Ratten auf ihren Schiffen mitbrachten, ging es den jungen Kiwis an den Kragen." Wir erfahren, dass Kiwis nur in Neuseeland leben und dass sie vom Aussterben bedroht sind. „Wenn ihr eure Hunde im Wald immer anleint, ist den Kiwis schon viel geholfen!", erklärt er den Kindern abschließend. „Tahi ist durch die lange Zeit im Vogelkrankenhaus recht zahm geworden. Wer möchte, kann ihn zum Schluss noch vorsichtig am Rücken streicheln." Während einer nach dem anderen den Vogel tätschelt, komme ich mit Gerry ins Gespräch. „Der *Weta*

Workshop, die Filmemacher des Regisseurs Peter Jackson, haben für Tahi sogar eine Prothese angefertigt", erzählt er mir. „Aber nach einiger Zeit haben wir gemerkt, dass er ohne die Hilfe viel zufriedener ist. Seitdem hüpft er eben einbeinig durch die Gegend und scheint sich überhaupt nicht daran zu stören." Mittlerweile hat sich der Raum geleert, Gerry sperrt Tahi zurück in seinen Käfig und schlägt uns vor, noch mit zu seinem Gehege zu kommen, um bei der Fütterung zuzusehen. Das lassen wir uns natürlich nicht entgehen. Dort angekommen holt er kleine durchsichtige Röhrchen mit Insekten und Würmern aus seiner Umhängetasche, die er vorsichtig in drei verschiedene in der Erde vergrabene Rohre steckt. „Kiwis sind eigentlich nachtaktiv. In freier Wildbahn picken sie ihr Futter mit dem langen Schnabel aus der Erde. Mit den Röhren versuchen wir, das natürliche Fressverhalten so gut wie möglich nachzuahmen." Aufmerksam beobachtet Tahi jeden Handgriff und streckt seinen gelben Schnabel zwischen den Gitterstäben hindurch. „Möchtest du ihn noch mal streicheln?" Gerry holt den Vogel aus seinem Käfig. „Gerne. Ich finde Tahi richtig niedlich!" Ganz langsam lasse ich meine Hände über den weichen, braun-grauen Rücken des Tieres gleiten. „Hier vorne am Schnabel haben Kiwis ihre Nase. Das ist einmalig im Tierreich. Sie suchen damit ihr Futter in der Dunkelheit. Hört man dieses Schnüffeln nachts, hält man es eigentlich für das eines Säugetiers. Sie sind was ganz Besonderes, diese kleinen Kerle." Gerry setzt Tahi auf den Boden, auf einem Bein hüpft er zu einem der Röhrchen, schnappt sich einen Leckerbissen und verschwindet dann im Schutz eines kleinen Häuschens. „Jetzt habt ihr einen echten Kiwi gesehen, ihr kleinen Kiwis!", sage ich zu Mia und Amy. Alle anderen Tiere im Zoo sind heute für sie natürlich abgeschrieben.

Die Tage werden immer wärmer und Mitte Dezember kaufen wir auf dem Markt Spargel und Erdbeeren ein. Jetzt wird mir auch zum ersten Mal klar, warum Erdbeeren auf Deutsch *Erdbeeren* heißen und im Englischen *strawberries*: In Deutschland wachsen die roten Beeren auf der Erde, in Neuseeland werden sie auf Stroh gezüchtet. Es ist schon ein sonderbares Gefühl: Da sitzen wir bei über zwanzig Grad im Schatten und essen Erdbeeren, während Weihnachten vor der Tür steht. „Wie sollen wir bloß dieses Jahr feiern, so ohne Familie und mitten im Sommer?", frage ich mich täglich.

Die von Schwiegermama Sigi geschickten Schokolebkuchen schmelzen in der Hand, die Weihnachtskerzen verbiegen sich in der Sonne. Nichts, aber auch gar nichts, bringt mich in Weihnachtsstimmung. Die Temperaturen, dazu Strand und Meer – das Fest ist für mich unglaublich weit weg. Selbst die Lichterketten an den Straßenlaternen sind völlig überflüssig, wenn es erst gegen 22 Uhr dunkel wird.

Nachdem meine komplette Weihnachtsdekoration leider immer noch in Deutschland eingelagert ist, fahre ich ins *Warehouse*, um mir wenigstens ein paar Sterne oder Kugeln zu besorgen. Aus den Lautsprechern ertönt amerikanischer Weihnachtspop. In den Regalen stapeln sich die verrücktesten Weihnachtsaccessoires: blinkende Rentiernasen, Spiderman-Figuren, die *Merry Christmas* singen, Haarreifen mit roten Geweihen oder grellbunte Santas, Arm in Arm mit Bart Simpson. Direkt nebenan finde ich Plastikweihnachtsbäume in allen nur erdenklichen Farben und dazu passende bunt blinkende Lichterketten. Auf einmal zupft mich ein kleines Mädchen am Hosenbein: „Genau diesen Santa Claus haben wir vor unserer Haustür stehen!" Sie zeigt auf einen von innen beleuchteten Plastikweihnachtsmann in Lebensgröße. *„Oh, that's ...*

eh … cool!" Mehr bringe ich nicht heraus. Das Mädchen hat sich als *Christmas Fairy* verkleidet, sie trägt ein pinkes Krönchen und Federpuscheln an einem rosafarbenen Tüllröckchen. Kitsch pur! So langsam dämmert mir, warum die Kiwis die Weihnachtszeit auch *Silly Season* nennen! Der Dezember ist hier eine Mischung aus Fasching und Silvesterparty: Wunderbonbons als Tischdeko, bunte Papierkronen für Firmenweihnachtsfeiern und Luftschlangen wie zum Kindergeburtstag. Es ist kaum zu fassen. Da weint meine nostalgische Weihnachtsseele. An diesem Tag verlasse ich das *Warehouse* wohl zum ersten Mal mit leeren Händen.

Auch mein Versuch, einen echten Weihnachtsbaum zu bekommen, wird zur Mission. Noch vor ein paar Tagen habe ich jede Menge Schilder gesehen: *„X-mas Trees, 100 Meter rechts"*. Auf einmal sind sie aber alle verschwunden, dabei ist heute erst der 22. Genervt fahre ich im heißen Auto kreuz und quer durch die Stadt. „Hatte nicht die Tankstelle an der Ecke ein paar Bäume?", fällt mir auf einmal siedendheiß ein. Als ich dort eintreffe und mich nach den Bäumen erkundige, ernte ich erstaunte Blicke und man erklärt mir: „*No, sorry!* Die waren vergangene Woche schon alle weg. Du bist spät dran!" – „Aber heute ist doch erst der 22.", erwidere ich etwas patzig. Es kann doch nicht sein, dass drei Tage vor Weihnachten bereits kein einziger Baum mehr aufzutreiben ist. Stirnrunzelnd sieht der Mann mich an. „Wir stellen hier unsere Bäume immer *Anfang* Dezember auf." Ich gebe kleinlaut bei, bitte aber um einen guten Tipp, wo ich mich noch nach einem Baum erkundigen könnte. „Die wenigsten kaufen überhaupt einen echten Baum. Vielleicht findest du im *Warehouse* noch etwas Passendes. Ich habe dort echte Bäumchen in Töpfen gesehen. Aber das ist auch schon ein paar Tage her. Viel Glück und Frohe Weihnachten!"

Großartig. Also *froh* scheinen diese Weihnachten für mich nicht zu werden. Geknickt fahre ich zum *Warehouse* zurück und schleiche mich zum Eingang. Ein einziges, mickriges, schiefes Nadelbäumchen mit gelben Ästen ist noch übrig. Es geht mir gerade einmal bis zu den Knien, versinkt aber in einem überdimensionalen schwarzen Plastikblumentopf. Ich hole tief Luft und hebe den Baum dann trotzig in meinen Wagen. Im Lichterkettenregal entdecke ich tatsächlich noch eine Packung mit weißen Lämpchen. Sie ist zwar fünf Meter lang, doch lieber zu lang als zu bunt, sage ich mir. Neben ein paar roten Plastikkugeln packe ich noch Lametta und eine goldene Baumspitze ein und reihe mich in die Schlange an der Kasse ein. „Wo soll denn die ganze Dekoration hin, bei dem kleinen Bäumchen?" Die Verkäuferin lächelt. „Äh, das sind noch Sachen für eine Freundin", erfinde ich.

Noch völlig im Weihnachtsbaumfrust mache ich mich mit meiner spärlichen Ausbeute auf den Nachhauseweg. Plötzlich ist die Straße gesperrt. *„Christmas Parade!"*, ruft mir einer der Sicherheitsleute durchs offene Fenster zu und hebt grüßend die Hand. Auch das noch! Ich stelle den Motor ab. Heute erschüttert mich nichts mehr. Hinter der Straßenabsperrung wandeln merkwürdig gekleidete Leute in einem Weihnachtsumzug vorbei. Ich fühle mich wie in einem schlechten Film im Autokino. Auf einem pinken Wagen, der mit roten Plastikrosen verziert ist, steht ein Elvis-Double in einem abstrusen Glitterkostüm und mit aufgeklebten Koteletten und singt *Love me tender*. Hinter ihm watschelt eine Horde verkleideter Kinder in plüschigen grünen Krokodilskostümen und Flip-Flops her. Von dem nächsten Wagen dröhnt es aus knarrenden Lautsprechern: *Let it snow, let it snow, let it snow,* während seine Insassen vergeblich versuchen, weiße Konfetti in die Luft zu feuern. Dahinter marschiert eine Engelsschar, oder eher Prinzessinnen? Ich bin mir nicht sicher. Die wohlbeleibten Frauen tragen pinke Feenflügel, Lamettaperücken, goldene Strumpfhosen und Zauberstäbe. Trötend und Bonbons werfend ziehen sie an meinem Auto vorbei. Oh Gott! Das ist also Weihnachten in Neuseeland! Wo sind Josef und Maria, Ochs und Esel oder von mir aus auch Santa Claus und sein rotnasiges Rentier Rudolph? Bin ich einfach nur altmodisch? Nach einer Viertelstunde fährt endlich der letzte Wagen an mir vorbei. Grün angemalte Nixen und Wassermänner plantschen im Kinderpool und singen dabei fröhlich *I'm dreaming of a white Christmas!* Dann ist der Spuk vorbei. „*This was the silliest I've ever seen!*" Wehmütig blicke ich auf mein mickriges Bäumchen im Fußraum des Beifahrersitzes. Also, besser als pinke Engelchen und Krokodile sind meine roten Kugeln und die Lichterkette allemal!

Ganz Neuseeland freut sich auf die Weihnachtstage, besonders auf die langen Sommerferien und die gemeinsame Zeit mit der Familie. Gefeiert wird, wie auch in Amerika, am 25. Dezember. Dann rücken Onkel, Tanten, Cousinen und Großeltern zum gemeinsamen Weihnachtsessen an. Es gibt traditionell *ham*, riesige im Ofen gebackene Schinken. Bei einem solchen Event kommen schon mal fünzig oder sechzig Personen zusammen. Wer es gerne etwas kleiner hat, plant ein *BBQ* am Strand. Am 26. Dezember ist *Boxing Day* – hier werden nach der berauschenden Feier am Vorabend noch die letzten Geschenke ausgepackt.

Für mich hingegen entwickelt sich Weihnachten mehr und mehr zu einer Katastrophe. Denn unsere Großfamilie zählt gerade einmal vier Personen. Von Winter und Schnee keine Spur. Gänsebraten, Glühwein und echte Kerzen am Baum habe ich mir abgeschminkt. Da stehen wir uns nun gegenüber – ich und mein Minibäumchen, dessen vertrocknete Äste sich unter der Last der schweren Kugeln biegen. Könnte es sprechen, würde es bestimmt sagen: „Mann, bin ich geknickt!“

Gunnar kommt mit Grillkohle unter dem Arm nach Hause und begutachtet spöttisch unseren Weihnachtsbaum: „Bei der langen Lichterkette fallen wenigstens die braunen Zweige fast nicht mehr auf.“ Dann kündigt er mir an, dass unsere neuen Nachbarn Dan und Sally uns für den 24. einen gemeinsamen Weihnachtsausflug und ein *BBQ* am Strand vorgeschlagen haben.

Gesagt, getan. Die lieben Nachbarn retten uns das Weihnachtsfest! Dan ist ein echter Altrocker, vermutlich um die Vierzig. Er arbeitet als Musikproduzent und spielt auch selbst in einer Band. Seine Frau Sally ist unheimlich liebenswürdig und dazu ein typisches Kiwi-Outdoor-Girl: handfest, hilfsbereit und immer gut gelaunt. Die beiden zehn- und zwölfjährigen Töchter Zoe und Lea haben sichtlich Spaß daran, Mia und Amy auf der Fahrt zu unterhalten. Mit Löwengebrüll und Zwergenstimmchen lesen sie ihnen aus ihren Büchern vor. Bis unters Dach haben wir unseren Van mit Badesachen, Grill und Picknickkörben beladen und fahren nun gemütlich in Richtung Norden. „Die *Wairarapa*-Region ist eines der besten Weinanbaugebiete Neuseelands“, klärt uns Dan auf. „Es wird vor allem Sauvignon Blanc angebaut.“ Im Schneckentempo kriechen wir über die schmale Passstraße der *Rimutaka Ranges*. Als wir die Gebirgskette hinter uns lassen, säumen Weiden mit Schafen und Kühen die Straße. „Mama, wo sind die Rentiere?“, will Mia wissen. Hilfesuchend blicke ich in die Runde. „Die sind noch mit Santa am Nordpol. Da packt er bestimmt gerade noch die letzten Geschenke in seinen Schlitten, bevor er zu uns fliegt.“ Dan lacht schallend und zupft sich an seinem langen Bart. „Und Rudolph scharrt schon mit den Hufen, um endlich loszulaufen und ihm den Weg zu leuchten", erklärt Sally mit gespielt ernster Miene. *„Rudolph the red-nosed reindeer, had a very shiny nose ...*" Lea und Zoe singen unseren Zweien Weihnachtslieder vor.

Über unbeschilderte schmale Straßen nähern wir uns der Ostküste. Am *Cape Palliser* soll es eine Robbenkolonie und einen Leuchtturm mit wunderschöner Aussicht geben. Die Landschaft wird hügeliger, die Vegetation fast mediterran. *Cabbage Trees* blühen zwischen Farnen und überall wachsen prächtig rote *Pohutukawas*. „Vergesst eure Tannenbäume. Für die Maori und uns Pakea, die weißen Neuseeländer, ist der *Pohutukawa* der eigentliche *Christmas Tree*." Dan deutet auf einen Hang, der von den Bäumen rot zu leuchten scheint. „Pünktlich zur Weihnachtszeit öffnen sich ihre puscheligen roten Blüten mit den winzigen gelben Punkten am Ende. Sie sehen ein bisschen aus wie Pfeiffenputzer, nicht wahr?"

Nach der nächsten Kurve fällt die Straße plötzlich steil ab und gibt für einen kurzen Moment die Sicht auf das türkisblaue Meer und die Küste frei. Zu unserer Linken ragen steile, weiße Felswände auf. Die schroffen Steingebilde wurden von Wind und Wetter geformt. „Habt ihr die *Herr der Ringe*-Filme gesehen? Hier hat Regisseur Peter Jackson das ‚Tal des Todes' für seinen dritten Teil gedreht", berichtet Sally. „Natürlich, die Filme waren ein Grund für unsere erste Neuseelandreise!" Die Kulisse ist unverkennbar. Schotter und Geröll liegen zwischen engen, zackigen Felsspalten.

Wir gelangen in das verschlafene Fischerdörfchen *Ngawi*, dessen Bewohner noch zum Großteil Maori sind. „Das Besondere an diesem Örtchen ist, dass jeder Fischer sein Boot mit einem Traktor ins Meer zieht", erklärt Sally und blickt suchend aus der Windschutzscheibe. „Dort vorne stehen sie – die uralten Trekker.“ Wir fahren an gut dreißig Traktoren vorbei. Vom Salzwasser zerfressen und teilweise völlig verrostet warten sie im Schlamm auf ihren nächsten Einsatz. Doch für die Fischer sind es nicht nur Maschinen. Liebevoll haben sie ihre Traktoren bemalt und ihnen Namen gegeben. Jeder ist ein Unikat: das pinke *Babe*, der grüne, riesige Traktor *Kermit* oder der einst rot glänzende *Charly*. Ganz am Ende der Reihe steht *Tweety*, ein gelber Minibagger ohne Schaufel.

An einer Fish'n Chips-Bude erkundigen wir uns nach dem Weg zur Robbenkolonie und erfahren, dass wir die Tiere schon etwa einen halben Kilometer weiter nach einer Brücke überall zwischen den Felsen liegen sehen müssten. Die Kolonie soll riesig sein.

Auf einer Schotterstraße nähern wir uns der beschriebenen Brücke. Sie sieht nicht besonders Vertrauen erweckend aus, eher wie ein Provisorium. Baumstämme und jede Menge Geröll lassen darauf schließen, dass das Bächlein bei Dauerregen zur reißenden Sturzflut wird. Durch das Wasser führt eine Fahrspur für Geländewagen, die ein Angler für sich nutzt. Sein Jeep steht mitten im Flussbett, auf der Motorhaube sitzt der Fahrer und angelt. *„Merry Christmas!“*, ruft er zu uns hinauf und hebt die Hand zum Gruß. Wir halten Ausschau nach den braunen Pelzrobben. „Ist das da eine Robbe oder ein Stein?“ – „Nein, das sind nur Algen, die auf den Felsen gespült werden.“ Doch keine hundert Meter weiter, werden wir endlich fündig. Dieses Profil ist eindeutig: Spitze Nase mit Barthaaren, den Kopf in die Luft gereckt. Das *New Zealand Fur Seal* gähnt gelangweilt in der Sonne, robbt einige Meter weiter und rollt sich dann zum Schlafen zusammen. Als wir die Autotüren öffnen, schlägt uns ein Geruch von Algen, nassem Fell, Fisch und Muscheln entgegen. Gunnar rümpft die Nase, während ich vorsichtig über ein paar Felsen bis auf wenige Meter an die Tiere heranklettere. Sally warnt uns: „Schneidet ihnen nicht den Zugang zum Meer ab, das ist ihr Fluchtweg. Ihr müsst auch immer darauf achten, dass ihr nicht zwischen eine Mutter und ihr Junges kommt – gerade jetzt, in dieser Jahreszeit!" – „Beißen sie etwa?" Gunnar nimmt vorsichtshalber Mia und Amy auf den Arm. „Nur wenn sie sich bedroht oder eingeengt fühlen", meint Sally. „Das tut aber deutlich mehr weh als ein Hundebiss."

Fasziniert lasse ich mich auf einem Felsen nieder. Ich entdecke immer mehr Tiere, sie sind wirklich unglaublich gut getarnt – und faul. Nur selten bewegt sich eine Robbe ins Wasser oder klettert zurück an Land. Genüsslich duschen sie in den Dunstwolken der Gischt und lassen das Wasser von ihrem dichten Fell abperlen. Ihr Pelz sieht fast so aus wie die Lederhaut von Delfinen oder Walen. „Seht ihr die winzigen Löcher am Kopf?" Sally zeigt auf eine stattliche männliche Robbe, die ganz dicht vor uns in der Sonne schläft. „Das sind die Ohren." Mit den großen dunklen Kulleraugen und den feinen Barthärchen sehen sie wirklich ausgesprochen niedlich aus. Plötzlich wird es laut: „Ouh, ouh!" Mit einem Satz springt das Männchen auf. Ein Rivale scheint sich für sein Weibchen zu interessieren. Die beiden Kolosse bauen sich voreinander auf und prüfen ihre Stärke. Unbeschreiblich, das alles so hautnah zu erleben, ganz ohne Zäune oder betonierte Becken. Nach wenigen Minuten des Fauchens und Grunzens zieht das rivalisierende Männchen ab und verschwindet mit einem großen Satz platschend im Meer. Wir können uns gar nicht losreißen, sitzen wie gebannt vor den Wildtieren.

„Wollt ihr noch einen kurzen Abstecher zum Leuchtturm machen? Die Aussicht von dort ist wirklich sehr schön!“ Dan kneift die Augen zusammen und blickt die Küstenstraße entlang. Nach einer kurzen Fahrt befinden wir uns am Fuß der Leuchtturmklippe. Schnaufend klettere ich die 250 steilen Holzstufen hinauf. Frisch gestrichen leuchtet der weiß-rote Turm in der Abendsonne. „Bei unserem letzten Ausflug konnte man ihn noch besteigen“, erinnert sich Sally. Auf einer Infotafel finden wir folgende Information: *„Der Leuchtturm wurde zuerst 1897 in Betrieb genommen. Bis 1986 verrichtete ein offizieller Leuchtturmwärter dort seinen Dienst, dann wurde der Turm automatisiert.“* Dan hat nicht übertrieben, der Ausblick ist wirklich fantastisch. In der Ferne kann ich sogar die *Kaikoura Ranges* auf der Südinsel erkennen. Ein steifer Wind pfeift plötzlich über die Plattform und weht Dan die Baseballmütze vom Kopf. *„Think I'm ready for a barbie anyway. Let's go!“*

Am Strand lassen wir uns mit der Picknickdecke auf dem schwarzen Sandboden nieder und packen genüsslich unser Essen aus: Steaks, Würstchen, Pilze, Spießchen, Toastbrot und jede Menge Soßen. Gunnar kämpft mit unserem Grill, die Kohlen wollen nicht brennen. *„I wish I had brought my eight-burner“*, macht Dan sich über ihn lustig. Klar, mit einem gasbetriebenen Supergrill wäre es weitaus einfacher, dafür aber längst nicht so romantisch.

Das ist es nun also, mein erstes Weihnachten in Neuseeland. Sonne, Strand, *Barbecue* und nette Bekannte – so schlecht ist das gar nicht. Zum Nachtisch hat Sally den traditionellen neuseeländischen *Christmas Pudding* vorbereitet, Rosinen-Johannisbeer-Kuchen.

Doch das ist noch nicht alles. Heimlich schleiche ich mich zum Auto und zerre zwischen den hinteren Sitzen unseren Mini-Weihnachtsbaum aus dem Kofferraum. Zwar gibt es hier keinen Strom für die Lichterkette, doch die würde man in der grellen Abendsonne ohnehin nicht leuchten sehen. Ich platziere den Topf mit dem Bäumchen unbemerkt im Sand und breite darunter die Weihnachtsgeschenke für die Kinder aus – naja, vielmehr lege ich sie daneben. *„Merry Christmas!“*, rufe ich laut. Dan und Sally brechen in schallendes Gelächter aus. Gunnar hat ihnen schon ausführlichst von unserem Baum-Drama erzählt.

So wird unser erstes Weihnachtsfest in Neuseeland also doch noch ein wirklich schöner Tag. „Ein kleiner Baum hat eben auch Vorteile“, flüstere ich Gunnar zu. „Man kann ihn überall mit hinnehmen!“

Januar – The Grand Final

„*Three, Two, One!*" – Stille. Hm? Hat hier jemand die Zeit angehalten? Haben wir uns im Datum geirrt? Es ist Silvester, zwölf Uhr nachts. Wo bleibt das Feuerwerk, die Kracher, knallende Sektkorken, feiernde Leute auf der Straße oder zumindest auf dem Nachbarbalkon? „Hallo! Ist jemand da draußen?" Gunnar und ich sehen uns verwundert an. Mit Sektgläsern in der Hand stehen wir in der lauen Sommernacht auf dem Balkon. Ein runder Vollmond leuchtet hoch am schwarzen Nachthimmel und tausend Sterne funkeln um die Wette. Auch die Skyline von Wellington spiegelt sich wie jede Nacht idyllisch im dunklen Wasser, aber von sprühenden Raketen, Funkenregen und Lichtgewitter keine Spur.

Zwar ist das nicht unser erstes Silvester in Neuseeland, allerdings sind wir diesmal in der Hauptstadt des Landes und nicht im Nirgendwo auf der ländlichen Südinsel. Das Radio im Wohnzimmer läuft unentwegt und ohne besondere Unterbrechung weiter. Ich schalte den Fernseher an: kein außergewöhnliches Programm, kein *Dinner for one*, keine Neujahrsshows. Wir prüfen noch einmal unsere Uhren: „00:04 Uhr." Es regt sich immer noch nichts. Niemand scheint davon Notiz zu nehmen, dass gerade ein neues Jahr begonnen hat. Noch nicht einmal ein Anruf oder eine SMS. Nun gut, in Deutschland ist es ja auch erst 12 Uhr mittags. Wir warten noch einige Minuten, trinken dann unsere Gläser aus und gehen völlig konsterniert ins Bett. „*Happy New Year!*", flüstere ich Gunnar noch zu. „Dir auch, mein Schatz!"

„*Folgt man dem Trampelpfad für etwa hundert Meter, macht der Weg eine leichte Rechtsbiegung. Wer am dritten großen Stein hinter der Pinie nach rechts blickt, steht direkt vor dem Drehort.*" Gunnar und ich lassen uns von dem *Location Guide Book* von *Herr der Ringe* führen und versuchen verzweifelt, die Stelle zu finden, an der die Hobbits Frodo, Sam, Merry und Pippin über den düsteren, mit Blättern bedeckten Weg rennen. „Das war doch kurz bevor sie das erste Mal den schwarzen Reiter treffen und sich unter der Wurzel verstecken, oder?" Gunnar nickt. Die kahlen, toten Äste hängen noch immer wie ein dunkles Dach über dem eingewachsenen Pfad. „Aber schau mal, dort drüben sieht es genauso aus." – „Hm. Stimmt. Keine Ahnung. Es könnte überall gewesen sein." Mit dem Buch in der Hand kriechen wir förmlich mitten im *Mount Victoria Park* herum. An diesem Neujahrstag sind wir völlig alleine und versuchen vergeblich, die beschriebene Stelle zu finden. „Ist der Stein da groß oder eher klein? Wenn er klein wäre, dann wäre die Location nämlich hier." Gunnar blättert noch eine Seite im Buch weiter, dann wieder zurück. „Wie auch immer, lass uns einfach von beiden Stellen ein Erinnerungsfoto machen!"

Der *Mount Victoria* ragt über Wellingtons Innenstadt empor. Die Hänge des dicht bewachsenen Parks sind eine Oase für die Stadtbewohner. Ganz anders muss das im Oktober 1999 gewesen sein, denn damals begannen die Dreharbeiten zu dem dreiteiligen Fantasyepos von John R. R. Tolkien. Ur-Kiwi und Oscarpreisträger Peter Jackson führte Regie und katapultierte Neuseeland neben Hollywood an die Spitze der Filmindustrie. In genau diesem

Park ließ der gebürtige Wellingtonian einige Filmsets bauen. Die Nähe zu seinen Studios im Stadtteil *Miramar* und seiner riesigen Crew war logistisch perfekt. Während viele Drehorte nur per Helikopter erreichbar waren, ersparte jede Location in und um Wellington den Filmemachern viel Arbeit, Zeit und Geld.

„Piep, piep, piep." Der Ton nähert sich in immer kürzer werdenden Abständen. „Hörst du das auch?" Gunnar spitzt die Ohren. „Ja, klingt fast wie ein Metalldetektor." In diesem Augenblick taucht ein junges Pärchen zwischen den Bäumen auf und rutscht auf Sandalen die letzten Meter den steilen, staubigen Lehmhang hinunter. In der Hand hält der Mann ein winziges elektronisches Gerät mit einem roten Lämpchen, dessen Dauertuten in meinen Ohren pfeift. *„Oh, sorry!"* Er stellt das Gerät ab. Seine Freundin hält das gleiche Buch in der Hand wie wir. *„You found it!"* Ich muss lachen. Auch die beiden grinsen. „Was habt ihr denn da für ein Ding?" – „Das ist ein GPS. Der Autor des Buches hat alle Drehorte mit genauen Koordinaten angegeben. Mit seiner Hilfe ...", er hält stolz sein Gerät hoch, „... finden wir jeden noch so versteckten Drehort!" – „Wenn er nicht gerade hinter dem Gatter einer Stierweide liegt, so wie gestern", fällt seine Partnerin ihm leicht genervt ins Wort.

Seit *Herr der Ringe* in die Kinos kam, ist im Land ein unbeschreiblicher Hype um Drehorte und Schauspieler ausgebrochen. Neuseeland wurde zu Mittelerde und Wellington zu *Wellywood*. Die Regierung setzte das Kabinettsmitglied Pete Hodgson bereits während der Dreharbeiten als inoffiziellen *Lord of the Rings*-Minister ein. Er kümmerte sich um alle filmbezogenen Projekte, Anfragen und die touristische Vermarktung der Trilogie – mit Erfolg. Die internationalen Besucherzahlen haben sich seither auf über 700.000 pro Jahr fast verdoppelt. *Herr der Ringe*-Touranbieter schossen wie Pilze aus dem Boden. Die Kassen vieler Unternehmer klingelten.

„Seid ihr auch ein bisschen enttäuscht, dass es so gar keine Filmsets mehr zu besichtigen gibt?", will das Paar von uns wissen. Die beiden sind sichtlich unzufrieden.

Es war damals die oberste Auflage der Regierung, dass Peter Jackson alle öffentlichen Filmsets wieder entfernen und die Locations in ihre ursprüngliche Form zurückführen muss. Der Grund war – wie könnte er in Neuseeland auch anders lauten: Der Schutz der einmaligen Natur und der seltenen Tiere. Peter Jackson stellte sogar einen Anwalt ein, der sich ausschließlich um Drehgenehmigungen in Naturschutzgebieten und alle damit verbundenen Auflagen kümmerte. Oft wurden kilometerweit Teppiche ausgelegt, damit die Armeen von Gondor die Pflanzen nicht zertrampeln. An anderer Stelle wurde jedes kleine Hälmchen ausgegraben und in Gärtnereien gehegt und gepflegt, nur um es nach Drehende wieder einpflanzen zu können.

Wir empfehlen den beiden nach *Matamata* zu gehen, die einzige nicht demontierte Filmkulisse, wo noch einige, inzwischen halb vermoderte, Hobbithügel stehen – und zwar auf privatem Farmland. Der Bauer hat sich mittlerweile Millionen damit verdient. „Es gibt täglich Touren dorthin!", füge ich hinzu, verschweige aber, dass sie unverschämt teuer sind. Die Urlauber bedanken sich und verschwinden dann mit ihrem GPS hinter der nächsten Wegbiegung.

Das Zusammentreffen mit den *Herr der Ringe*-Fanatikern im Wald bringt mich auf die Idee, einige Recherchen für eine Reportage anzustellen: *„Wellington wird Wellywood – Auf den Spuren von Star-Regisseur Peter Jackson."* Das Interesse der unzähligen Fans weltweit ist ungebrochen. Für mich vor Ort sollte es ein Leichtes sein, ein paar Insiderinformationen zusammenzutragen. In einem Online Interview lese ich, warum Jackson, im Gegensatz zu vielen Schauspieler- und Regisseurkollegen aus Neuseeland, immer noch am Ende der Welt lebt. „Neuseeland ist kein kleines Land, sondern ein großes Dorf. Nichts in der Welt würde mich dazu bringen, dieses wunderschöne Fleckchen Erde gegen Hollywood einzutauschen", sagt der Regisseur über sein Verhältnis zu seiner Heimat.

Zu einem Plausch treffe ich mich mit Ken und Chris im *Days Bay Café* in unserer Bucht. Beide waren selbst lange in der Filmbranche tätig, wissen also eine Menge und können mir hoffentlich weiterhelfen. Chris runzelt die Stirn: „Hm. Ich erinnere mich noch, dass einige Hobbits in der *Lyall Bay* Surfen gelernt haben. Jeden freien Tag haben sie auf den Wellen geübt. Runter mit den Hobbitfüßen, rauf auf's Board." Sie nimmt einen Schluck von ihrem Kaffee. „Jackson hat selbst noch bis vor kurzem im Stadtteil *Seatoun* gewohnt", erzählt Ken nüchtern, „in seinem backsteinroten Elternhaus an der Küstenstraße zur *Scorching Bay*. Jeder wusste das, und dennoch gab es keine Kameras, Sicherheitsleute oder ähnlichen Quatsch."

„Aber fühlte er sich nie gestört oder belästigt?", frage ich ungläubig. „Ein Bedrängen von Stars ist hier nicht üblich. Jackson ist einfach einer von uns. Da steht keiner am Gartenzaun und glotzt."

Von Jacksons Elternhaus hatte ich bereits gehört. Offenbar hatte er dort bereits als Kind jeden Raum in eine Werkstatt für Zombierequisiten umfunktioniert. Man erzählt sich auch, dass die Küche abends oft kalt blieb, weil Peter den Ofen zum Brennen von Latexmasken brauchte.

Ich erfahre weiter, dass Gandalf, Sir Ian McKellen, direkt in Eastbourne in einem kleinen Häuschen zur Untermiete gewohnt hat. Er wollte für die Drehzeit von drei Jahren nicht ins Hotel ziehen und liebte den Busch und die Ruhe außerhalb der Stadt. Chris deutet den dicht bewachsenen Hang hinauf. „Und direkt an der Autobahn stadtauswärts hat die Produktionsfirma *Weta Workshop* einige der aufwändigsten Filmkulissen und Miniaturstädte gebaut. Im *Dry Creek*-Steinbruch entstand damals zuerst *Helms Klamm* und später *Minas Tirith.*"

Als die Bedienung unsere Tassen abräumt, mischt sie sich in das Gespräch ein. „Ich habe Peter Jackson auch einmal hier im Café bedient, an seinem Geburtstag. Er hat einen Schwarztee getrunken, ich erinnere mich noch genau. Sein Autogramm habe ich noch zu Hause. Meine Kiwi-Kollegen fanden das albern, aber ich bin doch aus Kanada und für mich war das ein absolutes Highlight." Ken und Chris rollen unbemerkt mit den Augen.

Hier in Wellington ist *Herr der Ringe* allgegenwärtig, manchmal sogar näher, als man denkt. Als Gunnar ein paar Tage später von der Arbeit kommt, strahlt er bis über beide Ohren. „Ich habe dir doch von der Kinderfernsehserie erzählt, an der ich gerade mitarbeite. Rate mal, wer die Regie führt?" Gunnar spannt mich auf die Folter. „Deagol aus *Herr der Ringe.* Thomas Robins ist nämlich nicht nur Schauspieler, sondern auch Regisseur. Ich habe mich schon seit Tagen gefragt, woher ich sein Gesicht kenne. Aber ich wäre natürlich nie darauf gekommen, dass ich ihn schon im Kino gesehen habe." Deagol ist der Cousin von Gollum. Er findet den Ring und Smeagol, alias Gollum, bringt ihn um, erinnere ich mich.

Es ist schon merkwürdig: Vor einem Jahr saßen wir noch in Deutschland auf der Couch und haben uns begeistert die Filme angesehen, und nun stecken wir plötzlich mittendrin – in Mittelerde.

Meine Recherche führt mich schließlich in den Stadtteil *Miramar.* Dort soll an der *wharf* immer noch das Original-Filmschiff aus Jacksons letztem Kinoerfolg *King Kong* liegen. Und tatsächlich, schon von Weitem erkenne ich den verrosteten Kahn und sehe mich dann verstohlen am Anlegesteg um. Weit und breit ist niemand zu sehen. Als ich das Schiff genauer betrachte, entdecke ich unter der schwarzen Farbe am Rumpf noch ganz eindeutig den Schriftzug *Venture II.* Plötzlich kommt ein Arbeiter im Blaumann auf mich zu, und ich packe verlegen meinen Fotoapparat wieder ein. *„Hi, I'm Gavin."* Der rotblonde Typ reicht mir seine ölig-dreckige Hand. „Sorry, ich wollte nicht stören." – „Du störst nicht. Ich wohne hier auf dem Schiff." Er zeigt doch tatsächlich auf das rostige Boot. „Auf der *Venture II?*", frage ich völlig verblüfft. „Ja – na ja – das Schiff wurde für den Film komplett umgebaut. Ich entkerne das marode Ding nur, fahrtüchtig ist es nicht mehr."

„Was passiert denn dann damit? Kommt es nicht ins Museum?", frage ich. „Nein, es soll an der *Kapiti Coast* als Tauchwrack versenkt werden. Schade um die schöne Filmrequisite, nicht wahr?", nimmt er meine Gedanken vorweg.

„Der Boden ist kaputt", erklärt er mir dann weiter. Er zeigt auf den hinteren Teil des Schiffs, der mit großem Aufwand auseinandergenommen und komplett ersetzt wurde. Das Führerhaus allein scheint im Originalzustand geblieben zu sein. Ich begutachte den alten Holzboden und erkenne tatsächlich die Stelle, an welcher der Schnitt gemacht wurde. „Es ist schon Wahnsinn, was da für ein Aufwand betrieben wird!", kommentiere ich. Hollywood würde das Schiff sofort vermarkten, hier in *Wellywood* liegt es einfach so herum: Kein Eintritt, keine Menschenmassen und Insiderinformationen gratis!

Für meine Reportage fehlen mir noch immer wichtige Details und so kommt mir die Idee, den Autor des *Location Guide Books* zu kontaktieren. Ian Brodie vergöttert Neuseeland und ist ein absoluter Tolkien-Fan. Ich schreibe dem 51-Jährigen zunächst ganz unverbindlich eine E-Mail. Ob er nach all dem Trubel überhaupt noch an einem Interview interessiert ist? Ian ist Direktor des Jagdfliegermuseums in *Wanaka*, hauptberuflich Fotograf und hat erst kürzlich wieder ein Buch veröffentlicht. Er hat wirklich alle Hände voll zu tun. *„I'm in Wellington end of next week anyway. Why not meet for a coffee?"*, lese ich die letzten Zeilen seiner prompten Antwort und freue mich riesig.

Treffpunkt ist das *Bach* in der *Owhiro Bay*. Das Strandcafé war eines der Stammlokale der Hobbits und Orks. Die Theke an der Kasse zieren noch immer die Autogramme vieler Schauspieler. „Treffe ich hier etwa auf noch einen Tolkien-Fan?" Der Autor reicht mir lächelnd die Hand. „Das kann man wohl sagen. Als Kind habe ich seine Romane regelrecht verschlungen. Für mich hat Tolkien wirklich eine ganz neue Welt geschaffen." Und schon sind wir beim Thema. „Ich habe Peter Jackson bei einer Flugschau kennengelernt; wenige Monate später hatten wir die Idee, ein Handbuch für alle *Lord of the Rings*-Fans herauszubringen", erinnert sich Ian. „Warst du jemals mit am Set?" – „Oh ja. Das war für mich eine gigantische Erfahrung. Mein Sohn Trevor und ich durften sogar als Statisten mitspielen. Trevor war ein Ork von Saurons Armee. Ich musste allerdings erst einmal zusehen, weil meine Perücke als Soldat von Rohan nicht passte." Ian Brodie ist ein amüsanter Gesprächspartner, und ich mache mir so viele Notizen, wie ich kann.

Er erzählt mir, dass er in der Zeit als Statist regelmäßig um vier Uhr aufgestanden ist, um dann Viertel vor fünf im Studio zu sein. Dort herrschte schon frühmorgens ein Trubel wie auf dem Jahrmarkt. Ein Armeesergeant brachte den Ork-Schauspielern erst einmal den richtigen Drill bei. Für den Kulissenbau und die Herstellung von Masken, Miniaturen und Rüstungen hatte Richard Taylor, der Kopf der Produktionsfirma, viele lokale Künstler angeheuert. Viele von ihnen hatten noch überhaupt keine Berufserfahrung, waren aber unglaublich enthusiastisch und ehrgeizig. Jedes der Kostüme war einzigartig; auch Masken, Schwerter und Schilde – alles handgemacht. Ian ist sichtlich begeistert von seiner kurzen Schauspielerfahrung. „Kurz vor Drehbeginn wurden wir dann noch mit Schlamm vollgespritzt, wir mussten richtig dreckig aussehen", berichtet er, „dann gab es für alle erst einmal Frühstück. Du wirst es nicht glauben – in einer Ecke des Catering-Zeltes saßen die Leute aus Gondor, in der anderen die Rohirrim. Die Orks frühstückten komplett abseits. Verfeindet bis auf's Messer." Ian lacht.

„Um sieben Uhr morgens war dann alles fertig und meine Perücke passte. Gegen neun begann das große Gewusel: Leute mit Kameras, Rekordern, Dollies und Requisiten. Zu diesem Zeitpunkt tauchte dann auch Peter Jackson auf, wie immer in Shorts und mit völlig verstrubbelter Frisur. *And action!* – es ging los." Er hält einen Moment inne. „Für meine Rolle als Brotverkäufer in Gondor einige Wochen später musste ich mir dann einen Bart wachsen lassen. Ich hatte in der Szene eine wirklich tragende Rolle. Während Gandalf, der direkt neben mir steht, wie gebannt zum Turm hinauf starrt und darauf wartet, dass das erste Leuchtfeuer entzündet wird, verkaufe ich Brot." Ians selbstironische Art bringt mich zum Lachen. „Wir haben die Szene bestimmt sechs Mal aufgenommen, immer wieder aus verschiedenen Blickwinkeln. Erst dann war Peter zufrieden."

Ich kann es mir bildlich vorstellen. Während unseres netten Gesprächs vergessen wir die Zeit – bis Ian auf einmal auf die Uhr sieht. „Ach je. Ich hatte bereits vor einer halben Stunde einen Termin in der City. Tut mir leid. Ich muss los!" – „Vielen Dank für die vielen Details, es war wirklich sehr informativ!"

In Eastbourne lernen wir bald immer mehr Leute kennen: Kiwis, Briten, Südafrikaner, Inder, Japaner, Holländer – der Freundeskreis ist bunt gemischt, unsere Integration geht mit Riesenschritten voran. Nun sind wir schon ein Jahr in Neuseeland. Doch mir kommt es manchmal so vor, als ob wir gestern erst hier angekommen wären.

Wir wollen unsere neuen und alten Freunde miteinander bekannt machen und planen eine Jubiläumsparty. Die Gästeliste ist lang: unsere Nachbarn Dan und Sally, Familien aus Eastbourne und Arbeitskollegen von Gunnar. Auch Ken und Chris sind natürlich eingeladen, die Deutsche Sabine, die ich bei meinem Englischtest an der Uni kennengelernt habe, selbst Toby, Karen, Stacey und Dave aus Auckland wollen kommen. Nur Laura und Steve aus Queenstown, in deren Haus wir umsonst gewohnt haben, bekommen keinen Urlaub.

Und ich wünschte, meine beste Freundin Boxi könnte auch nach Wellington fliegen. Doch sie bekommt in zwei Monaten ihr Baby. Ein Telefonat mit ihr ist längst überfällig, und von unserer Party möchte ich ihr zumindest erzählen. „Wir wollen am Wochenende unser einjähriges Jubiläum in Neuseeland feiern. Ich weiß, ihr könnt nicht kommen, seid aber natürlich herzlich eingeladen."

„Soll ich dir etwas verraten?", antwortet meine Freundin nur. „Ich wollte es dir bis jetzt noch nicht erzählen, weil es noch nicht sicher war. Steffen fängt einen Job in Wellington an, er hat heute seinen Vertrag unterschrieben – wir ziehen um!“ Nein, das kann nicht sein. Boxi macht bestimmt nur einen schlechten Scherz. Als ich endlich begreife, dass sie bald täglich in meiner Nähe sein wird, fühle ich eine unglaubliche Freude. Irgendwie scheint sich alles zu fügen. „Und was die Party angeht: Natürlich sind wir dabei“, schließt Boxi.

In Neuseeland eine Party zu schmeißen bedeutet nicht, in Arbeit und Kosten zu ersticken. Jeder bringt einfach etwas zu essen und zu trinken mit. Wir kümmern uns also nur um die Grundversorgung. Schon einen Tag vorher mariniere ich Zucchini, Möhren und Champignons, um mit Oliven und Feta eine italienische Vorspeisenplatte zusammenzustellen. Mamas guter alter Käsekuchen darf nicht fehlen, Chips und Dips, *nibbles*, eine Käseplatte, Cracker, Fleisch und Würstchen für das *barbie* und jede Menge Bier und Wein. Das ist unsere erste große Party in Neuseeland. Ob die Kiwis, die ja nicht immer ganz so zuverlässig sind, überhaupt kommen? Was, wenn das Bier oder der Wein ausgehen oder sich die Gäste langweilen?

Aber der Tag beginnt vielversprechend, das Wetter ist perfekt. Als die Sonne am Nachmittag langsam tiefer sinkt, schürt Gunnar den Grill, und unsere ersten Gäste stehen in der Tür. Freudige Umarmungen folgen, und wir stellen die Leute einander vor. Binnen einer halben Stunde platzt unser Haus fast aus allen Nähten und ich komme mit Namen merken und Gläser einschenken überhaupt nicht mehr nach. *„Hey, honey, may I introduce you to Jane and Nick, they're both working with me.“* – *„Nice to meet you! How are you doing?“* Es ist ein Kommen und Gehen, und ich weiß gar nicht, mit wem ich mich zuerst unterhalten soll. Binnen kürzester Zeit hat sich die Partygemeinde, wie immer in Neuseeland, aufgeteilt: Die Männer trinken Bier am Grill, und die Frauen tratschen bei einem Glas Wein in der Küche. Die Stimmung ist großartig, alle scheinen sich zu amüsieren. Und es zeigt sich einmal mehr, dass Wellington ein Dorf ist: Unsere Kiwimama Chris hat sofort eine alte Bekannte wieder getroffen, die Frau von Gunnars Arbeitskollegen. Sie hatten wenige Minuten vor der Party noch miteinander telefoniert und beide das Gespräch mit den Worten beendet: *„I've got to go, I'm invited to a party.“* Und nun sind sie sich auf exakt der gleichen Feier begegnet.

Die Party ist in vollem Gange. Mitten in einer Unterhaltung tippt mir jemand auf die Schulter – Boxi. „Du bist wirklich gekommen!“ Stürmisch umarme ich sie – soweit das mit dem Babybauch noch möglich ist. „Komm, ich muss dir gleich alle vorstellen!“

Boxi, Toby und Karen bleiben noch bis spät in die Nacht. Angeheitert gibt jeder seine peinlichsten Partyhighlights zum Besten. Schallendes Gelächter, knallende Korken und Berge von leeren Wein-, Bier- und Sektflaschen. Erst als im Haus wieder Stille einkehrt, wird uns klar, dass die Sorgen um fehlende Gäste, zu wenig Essen und Trinken oder Langeweile völlig unbegründet waren. Wir lachen: „Ich glaube, hier stehen mehr Weinflaschen, als wir am Anfang hatten!“

Die letzte Januarwoche können wir uns vor *BBQ*-Einladungen, Treffen am Strand und Telefonanrufen kaum retten. Egal, ob wir in die kleine Einkaufsstraße zum Metzger oder mit den Kindern auf den Spielplatz gehen – wir sehen immer wieder bekannte Gesichter. Am Nachmittag will mich Boxi besuchen kommen. Sie und Steffen haben innerhalb von zwei Tagen ein hübsches Haus in der *Days Bay* gefunden, nur einen Steinwurf weit von unserem entfernt – wie damals in Auckland. Als es an der Tür klopft, springe ich erlöst von meiner Schreibtischarbeit auf, und wir begrüßen uns mit einer langen Umarmung. *„So good to have you here, Boxi!"*

„I know. Ich bin auch froh, dass wir uns jetzt jeden Tag sehen können. Auch wenn mir der Abschied von Auckland nicht leicht gefallen ist. Und Steffen ist mit seinem neuen Job auch noch nicht ganz glücklich." Boxi wirkt besorgt. Während ich uns Kaffee eingieße, überlege ich, wie ich sie aufheitern kann. Und als ob jemand meinen Hilferuf gehört hätte, passiert auf einmal etwas Unglaubliches! Ich zeige sprachlos nach draußen aufs Meer: keine fünfzig Meter vom Strand entfernt, direkt vor unserem Balkon, tummelt sich eine ganze Schule Delfine im Wasser. Wir springen vom Sofa auf und stürmen auf die Terrasse. „Wahnsinn, das sind keine Delfine. Hast du gesehen, wie riesig die Tiere sind? Und die weiße Brust? Das sind Orcas!" Wir können unser Glück gar nicht fassen. „Stell' dir mal vor, wir wären jetzt da unten im Kajak. Wir müssen unbedingt mal zusammen paddeln gehen. Ein Traum!" Ehrfürchtig bestaunen wir jede ihrer Bewegungen. „Soweit ich weiß, kommen sie nur selten in die Buchten. Aber wenn, dann jagen sie Stachelrochen", erzählt Boxi. „Ich habe schon viel von ihnen gehört, aber gesehen habe ich bisher noch keine!" Zehn, vielleicht fünfzehn Tiere schwimmen elegant nebeneinander durch die Wellen. Ihre riesigen Rückenflossen ragen hoch aus dem Wasser, bevor sie verschwinden und ein paar Meter weiter wieder auftauchen. Hastig suche ich nach meinem Fotoapparat, möchte unbedingt ein Beweisfoto schießen. Zwar ist außer einer winzigen Finne inmitten von Wellen nichts auf dem Foto zu erkennen, aber der Anblick der Orcas brennt sich in mein Gedächtnis ein. Bestimmt zwanzig Minuten stehen wir staunend auf dem Balkon, während die ganze Gruppe der riesigen Tiere einmal quer durch die Bucht

schwimmt, um dann wieder im offenen Meer zu verschwinden. Zumindest für den Augenblick hat sich Boxis Stimmung gewandelt. „Das muss ich gleich Steffen erzählen. Er wird es mir gar nicht glauben!"

Nachdem sich meine Freundin verabschiedet hat, versuche ich mich wieder meiner Arbeit zu widmen. Selbst von meinem Schreibtisch aus habe ich einen wunderschönen Blick auf das Meer. Gedankenverloren suche ich die Wasseroberfläche nach den Flossen der Orcas ab. Wo ihr Weg sie wohl hinführt? Ich reiße mich los und konzentriere mich auf mein neuestes Buchprojekt: Mein Jahr in Neuseeland. Noch einmal lasse ich unsere Anfänge und die vergangenen Monate bis zum heutigen Tag in Gedanken Revue passieren.

Am Anfang war zwar vieles schwierig, doch wir haben es in einem Jahr geschafft, unseren lang ersehnten Traum wahr zu machen. Hier fühle ich mich frei und kann meine Wünsche verwirklichen. Nach Deutschland zieht mich momentan wenig, denn Neuseeland hat einfach noch so viel zu bieten. Ob wir für immer hier bleiben? Keine Ahnung. Warum alles planen, wenn es dann doch anders kommt? Ich lebe jetzt ganz nach dem Motto der Kiwis: *„Just go with the flow!"* – Lass dich einfach vom Leben treiben!

Woanders leben

Alle Titel der Reihe „Ein Jahr in …“

Bettina Baltschev
Ein Jahr in Amsterdam
Reise in den Alltag
Band 6002

Barbara Baumgartner
Ein Jahr in Barcelona
Reise in den Alltag
Band 5823

Maria Rosaria Di Palo
Ein Jahr in Montreal
Reise in den Alltag
Band 5832

Julica Jungehülsing
Ein Jahr in Australien
Reise in den Alltag
Band 5818

Anna Regeniter
Ein Jahr in London
Reise in den Alltag
Band 5741

Katharina Rutz
Ein Jahr in Peking
Reise in den Alltag
Band 5962

Nadine Sieger
Ein Jahr in New York
Reise in den Alltag
Band 5946

Andrea Thiele
Ein Jahr in der Toskana
Reise in den Alltag
Band 5729

Cornelia Tomerius
Ein Jahr in Istanbul
Reise in den Alltag
Band 5770

Silja Ukena
Ein Jahr in Paris
Reise in den Alltag
Band 5742

Jeannette Villachica
Ein Jahr in Dublin
Reise in den Alltag
Band 5971

Christiane Wirtz
Ein Jahr in Tel Aviv
Reise in den Alltag
Band 5928